副刊文丛

主编 李辉 王刘纯

问学录

刘炜茗 编

中原出版传媒集团
中原传媒股份公司
大象出版社
·郑州·

图书在版编目(CIP)数据

问学录 / 刘炜茗编. —— 郑州：大象出版社，
2018.6
(副刊文丛 / 李辉，王刘纯主编)
ISBN 978-7-5347-9539-8

Ⅰ. ①问… Ⅱ. ①刘… Ⅲ. ①学者—访问记—中国—现代 Ⅳ. ①K820.7

中国版本图书馆 CIP 数据核字(2017)第 268552 号

问学录
WEN XUE LU

刘炜茗　编

出 版 人	王刘纯
项目统筹	李光洁　成　艳
责任编辑	徐淯琪
责任校对	李婧慧
封面设计	段　旭
内文设计	杜晓燕

出版发行	*大象出版社*(郑州市开元路 16 号　邮政编码 450044)
	发行科　0371-63863551　　总编室　0371-65597936
网　　址	www.daxiang.cn
印　　刷	北京汇林印务有限公司
经　　销	各地新华书店经销
开　　本	787mm×1092mm　1/32
印　　张	9.625
版　　次	2018 年 6 月第 1 版　2018 年 6 月第 1 次印刷
定　　价	39.00 元

若发现印、装质量问题，影响阅读，请与承印厂联系调换。
印厂地址　北京市大兴区黄村镇南六环磁各庄立交桥南 200 米(中轴路东侧)
邮政编码　102600　　　　　　　电话　010-61264834

"副刊文丛"总序

李 辉

设想编一套"副刊文丛"的念头由来已久。

中文报纸副刊历史可谓悠久，迄今已有百年。副刊为中文报纸的一大特色。自近代中国报纸诞生之后，几乎所有报纸都有不同类型、不同风格的副刊。在出版业尚不发达之际，精彩纷呈的副刊版面，几乎成为作者与读者之间最为便利的交流平台。百年间，副刊上发表过多少重要作品，培养过多少作家，若要认真统计，颇为不易。

"五四新文学"兴起，报纸副刊一时间成为重要作家与重要作品率先亮相的舞台，从鲁迅的小说《阿Q正传》、郭沫若的诗歌《女神》，到巴金的小说《家》等均是在北京、上海的报纸副刊上发表，从而产生广泛影响的。随着各类出版社雨后春笋般出现，杂志、书籍与报纸副刊渐次形成三足鼎立的局面，但是，不同区域或大小城市，都有不同类型的报纸副刊，因而形成不同层面的读者群，在与读者建立直接和广泛的联系方面，多年来报纸副刊一直占据优势。近些年，随着电视、网络等新兴媒体的崛起，报纸副刊的优势以及影响力开始减弱，长期以来副刊作为阵地培养作家的方式，也随之隐退，风光不再。

尽管如此，就报纸而言，副刊依旧具有稳定性，所刊文章更注重深度而非时效性。在新闻爆炸性滚动播出的当下，报纸的所谓新闻效应早已滞后，无法与昔日同日而语。在我看来，唯有副刊之类的版面，侧重于独家深度文章，侧重于作者不同角度的发现，才能与其他媒体相抗衡。或者说，只有副刊版面发表的不太注重新闻时效的文章，才足以让读者静下心，选择合适时间品茗细读，与之达到心领神会的交融。这或许才是一份报纸在新闻之外能够带给读者的最佳阅读体验。

1982年自复旦大学毕业，我进入报社，先是编辑《北京晚报》副刊《五色土》，后是编辑《人民日报》副刊《大地》，长达三十四年的光阴，几乎都是在编辑副刊。除了编辑副刊，我还在《中国青年报》《新民晚报》《南方周末》等的副刊上，开设了多年个人专栏。副刊与我，可谓不离不弃。编辑副刊三十余年，有幸与不少前辈文人交往，而他们中间的不少人，都曾编辑过副刊，如夏衍、沈从文、萧乾、刘北汜、吴祖光、郁风、柯灵、黄裳、袁鹰、姜德明等。在不同时期的这些前辈编辑那里，我感受着百年之间中国报纸副刊的斑斓景象与编辑情怀。

行将退休，编辑一套"副刊文丛"的想法愈加强烈。尽管面临新媒体的挑战，不少报纸副刊如今仍以其稳定性、原创性、丰富性等特点，坚守着文化品位和文化传承。一大批副刊编辑，不急不躁，沉着坚韧，以各自的才华和眼光，既编辑好不同精品专栏，又笔耕不辍，佳作迭出。鉴于此，我觉得有必要将中国各地报纸副刊的作品，以不同编辑方式予以整合，集中呈现，使纸媒副刊作品，在与新媒体的博弈中，以出版物的形式，留存历史，留存文化，便于日后人们借这套丛书领略中文报纸副刊（包括海外）曾经拥有过的丰富景象。

"副刊文丛"设想以两种类型出版，每年大约出版二十种。

第一类：精品栏目荟萃。约请各地中文报纸副刊，挑选精品专栏若干编选，涵盖文化、人物、历史、美术、收藏等领域。

第二类：个人作品精选。副刊编辑、在副刊开设个人专栏的作者，人才济济，各有专长，可从中挑选若干，编辑个人作品集。

初步计划先从20世纪80年代开始编选，然后，再往前延伸，直到"五四新文学"时期。如能坚持多年，相信能大致呈现中国报纸副刊的重要成果。

将这一想法与大象出版社社长王刘纯兄沟通，得到王兄的大力支持。如此大规模的一套"副刊文丛"，只有得到大象出版社各位同人的鼎力相助，构想才有一个落地的坚实平台。与大象出版社合作二十年，友情笃深，感谢历届社长和编辑们对我的支持，一直感觉自己仿佛早已是他们中间的一员。

在开始编选"副刊文丛"过程中，得到不少前辈与友人的支持。感谢王刘纯兄应允与我一起担任丛书主编，感谢袁鹰、姜德明两位副刊前辈同意出任"副刊文丛"的顾问，感谢姜德明先生为我编选的《副刊面面观》一书写序……

特别感谢所有来自海内外参与这套丛书的作者与朋友，没有你们的大力支持，构想不可能落地。

期待"副刊文丛"能够得到副刊编辑和读者的认可。期待更多朋友参与其中。期待"副刊文丛"能够坚持下去，真正成为一套文化积累的丛书，延续中文报纸副刊的历史脉络。

我们一起共同努力吧！

2016年7月10日，写于北京酷热中

目 录

编者絮语   1

王明珂：注重边缘，让我的研究有活力并甘

  之若饴   邵　聪 1

林贤治：自由的星辰在远方照亮我的写作   赵大伟 21

葛兆光：我们这一代人的政治关怀、现实情

  怀是很重的   颜　亮 40

洪子诚：从"集体协作"到一个人的文学史   邵　聪 62

白谦慎：中国艺术史的研究需要继承传统的

  治学方法   李昶伟 79

周振鹤：学问的关键是"求真"，不管有无

  用处   颜　亮 99

王笛：从历史的最底层往上看   颜　亮 120

陈平原：每一次学术转向的背后，我都有内

 在的理路在支撑   李昶伟 142

葛剑雄：在中国做历史地理研究，有文献优势   陈晓勤 162

钱文忠：学术的普及需要另一种功力，也是

 一种挑战   赵大伟 180

陆建德：文学批评从来不是单纯的文学批评，

 纯文学是不存在的   李昶伟 201

戴锦华：以电影学为"根据地"，在"游击

 战"中拓宽学术疆域   赵大伟 223

江晓原：我的研究，常在方法和原料上有跨界   陈晓勤 244

胡文辉：关键不在学院还是业余，而是你做

 得好不好   颜 亮 266

后 记   刘炜茗 287

编者絮语

学术研究传承着一个社会的精神文化价值，为我们重新展开逝去的那些生活世界，展开那些已经凝固的伟大思想。但以学术为业的学人们是一群寂寞的前行者，没有太多的鲜花和掌声，板凳坐得十年冷，方能小有成就。尤其在当下，学术显然并不是求取名利的优选途径，选择学术，其实就是选择一种清苦的生活方式，因此，以学术为志业就需要很深的定力。

2013年，《南方都市报·大家访谈》开辟的《问学录》

专题,着眼于学术名家的求学、治学往事,追溯他们的治学之路,并试图从他们身上寻找真正的学术之途。我们希望展现的是,在一个越来越急功近利的社会,有那么一群人,埋首学术,执着于自己的精神世界。

王明珂：注重边缘，让我的研究有活力并甘之若饴

邵 聪

王明珂，1952年生于台湾，1992年获哈佛大学东亚系博士学位，现为台湾"中央研究院"历史语言研究所研究员、中兴大学讲座教授兼文学院院长。主要从事羌族及西南少数民族与北方游牧社会的田野调查研究，在历史人类学领域成绩卓著，影响深广。著有《华夏边缘》《羌在汉藏之间》《游牧者的抉择：面对汉

帝国的北亚游牧部族》《英雄祖先与弟兄民族》等。

就在上个月，王明珂特意去了趟汶川，考察当地灾后重建情形。当地政府投入数十亿资金打造观光文化的做法，让他痛心疾首。在王明珂的构想里，这里理应变成国家自然资源保护区，因为这一带的生物多样性远超过美国的黄石公园。二十年前，1994年的夏天，刚从哈佛大学取得博士学位的王明珂，第一次来到大陆，走进川西羌族，从历史人类学视角进行田野调查，"一入山"，就是十个年头。通过对"华夏及其边缘人群"的研究，他不遗余力地希望建立一套新历史知识，让今日的汉族与少数民族对自身在历史上的存在加深了解。

作为台湾"中央研究院"历史语言研究所的"异数"，这些年里，王明珂一直在试图打破典范史学的"神话"。他强调生活即田野，强调学者对自我乃至对学科本身的反思。这种学术叛逆，与他在眷村混太保（小流氓）、不着调的年少生活不无关系。王明珂告诉南都记者，他在台湾中兴大学三年文学院院长的任期快要结束。行政工作占据了他七八成的精力和时间，往后几年，他很想来大陆教书，一是方便田野调查，二是在人类历史学领域真心培养几个学生，就像当年李济培养张光直，张光直又培养了他那样。

眷村生活与三年"困学期"

南都：2012年年底你的首部随笔集在大陆出版，开篇即是追忆父亲及早年眷村生活的文章《父亲那场永不止息的战争》，并且将其用作书名。

王明珂：可以说这是我用情最深的一篇文章。在这篇文章中，我称自己的研究"从新石器时代到社会主义新中国"，但却从不研究抗日与国共战争的历史，因为这与我的个人记忆有关。

二十岁之前，我一直生活在台湾省高雄市凤山镇黄埔军校旁边的黄埔新村。从小就在长辈们百谈不厌的抗战记忆里长大。我很年轻时，就想写一篇文章纪念我父亲，可直到现在这个年龄才动笔。晚动笔的好处是，文中也融汇了这些年我对历史的反思，希望大家多注意历史中的每个"参与者",以及被重大历史事件遮掩的"个人"情感和意图。对参加战争的人来讲,伤害会跟着他一辈子,也许还影响到他的下一代。

南都:从什么时候开始你意识到童年的经历对你的治学之路构成影响?

王明珂:我很早就意识到这一点。眷村生活赋予我整个学术特色里叛逆的那一面。眷村是一个没有根的地方。中国许多社会价值与规范,都在家族邻里关系中维持与传承。畏惧邻里闲话,让个人被这些社会价值与规范绑得很死。但在眷村,大家来自四面八方,大多数家庭中没有老一辈亲人,邻里间也无宗族长辈。在这样"不土著"的社会中,中国传统的约束力很脆弱。眷村十几岁的孩子在家里抽烟、办舞会,在外结帮混太保,都是不足为怪的。因此,眷村的小孩在外面都恶名昭彰。

南都:你小时候会对身份的模糊感到困扰吗?

王明珂:当然会,我后来走上"族群研究",特别是"边缘研究"跟我自己作为族群边缘的身份有很大关系。我的祖辈在武昌是经商世家，父亲是军人，随蒋介石来台湾，我的母亲和母系亲友则是本省人（台湾闽南人）。小时候，我表姐在一所本省人居住区的小学教书。为了方便管我，我母亲把我送去表姐的学校读书。但在那里，我是同学眼中的外省人，是边缘异类，而在眷村，我有时又被喊"杂种"，也是边缘异类。平常大家相处都很好，只要一吵架，这种身份就变成了别人攻击的目标。

南都：你说自己人生的转折发生在二十二岁服完兵役那年？

王明珂：我退伍前半年，父亲因病去世。办完父亲丧事后不久，我自军中退伍。那时距离高考只有大约七个月。我先在报社当了一个月的夜间校对，赚一点零花钱。然后，我每天至少花十五个小时有计划地读书。半年后，1974年夏我考入台湾师范大学历史系。如我在那文章中所称，推动我的力量是：在我最失意、失败的时候，我父亲依然以我为荣，这是最让我感念的。

南都：当时为什么报考师范大学？

王明珂：最重要的是，师范大学是全公费的大学，我不想自己读书成为家人的负担。还有便是，当时我是想一辈子做老师。因为以前荒唐过，如果能够浪子回头，当个老师，或许可以鼓励很多跟我有类似背景的小孩。甚至我到大三、大四的时候，还是这样想。我走上学术的道路是读了研究所以后的事情。

南都：在中学教了一年书后，你又考回师范大学历史研究所攻读上古史？

王明珂：对，其实我很早就对上古史很感兴趣。念大学时我就经常去中文系旁听《诗经》《尚书》，还有甲骨文、钟鼎文等课。读研时我的指导老师是"中央研究院"历史语言研究所所长管东贵先生，我也是经他推荐才进入史语所的。

南都：在史语所的头三年，你在哪些方面受益最大？

王明珂：因为史语所非常注重文献，那三年我做了大量文献阅读。史语所中有考古学家、人类学家、语言学家，以及各领域之历史学家，所有演讲我们新人都一定要参加，这也让我受益匪浅。

我虽然因硕士论文《上古的姜、羌与氐羌研究》而能进入史语所，但在那最初的三年中，我一直很怀疑自己的研究，一直困惑所谓民族到底是什么。文献上有"羌"，但羌族到底是个什么样的群体？我以这些问题问史语所的长辈同人，大家也答不出来，或认为这些问题没有意义。

南都：跟你同一批进史语所的新人，大抵会沿着史语所的传统学术路径走下去，潜心史料。为什么当时你会对这些"典范"，或者说基础性的概念产生疑惑？

王明珂：你讲的没错，跟我差不多时间进史语所的同事，不管是做艺术史、思想史还是社会史，经过这么多年，现在都已是各自领域里面的专家。但我不属于任何这些领域。人家常常问我，你到底是历史学家，还是人类学家，或历史人类学家，我答不出来。对典范的质疑，自然与我注重"边缘"的研究有关，注重"边缘"让我的研究有活力，也让我居于学术边缘但又甘之若饴。

赴哈佛求学

南都：我没记错的话，管东贵先生当时对你的硕士论文是持保留意见的。如果是"乖学生"，应该是按老师的方法和思路做学问呀？

王明珂：其中一个原因，也许跟我太太有关系吧。从大一开始，朋友们常问我，读历史究竟有何用。我们读历史的，常常用一个简单话来搪塞这类质疑：他们不懂历史。我们还是觉得自己做的是很有意义的学问。直到我跟我太太结婚后，作为"行外人"，她也常问你们研究历史做什么。当时写完硕士论文后，我自己都非常不满意，她的质疑更加剧了我的困惑。我甚至怀疑自己的研究是否有意义。

南都：因为在史语所中的"困学"，你开始和张光直先生交往？

王明珂：对，那时张光直虽然是台湾"中研院"的院士，但一直在哈佛大学教书，很少回到台湾。我直到决定出国留学时，才写信跟他联系，一是告诉他自己的研究计划即有关古代羌族的研究及困境，再就是表达对哈佛大学的向往。

他最了不起的地方是，虽然我只跟他通过一两封信，但他马上就能为我未来的学习路线做些规划指导。我还记得那一年，1987年，开学前两周我抵达哈佛大学，第二天一早去见他时，他很明确地告诉我应去拜访人类学系的托马斯·巴菲尔德（Thomas Barfield）教授和东亚系的罗宾·叶慈（Robin Yates）教授，还要我选修斯坦利·汤拜亚（Stanley Tambiah）的经济人类学等课程。如此几天之间就决定了我往后三年将要修的课程。我现在是台湾一所"顶尖大学"（类似大陆的985大学）中兴大学的文学院院长。然而，我很惭愧，如今我却不能给我的学生们提供这样的指导。

南都：因为张光直在人类学系，所以你绝大部分课程都是在修人类学。那对你后来治学影响最大的老师和课程有哪些？

王明珂：到现在我还是觉得，人类学里最重要的就是经济人类学。我上面提到的那位汤拜亚教授，他是印度裔的美国人类学家。哈佛有个传统，部分名教授上完课，学生会起立鼓掌，他的课就有人起立鼓掌。汤拜亚参与过经济人类学的几次大论战，这是在整个人类学里非常重要的学术史。他的课非常有体系，展现了人类学的整体图景，他也介绍我们读亲属体系、交换理论，等等。受益良多。

因为汤拜亚的印度英语口音很重，我当时的英文听力不是非常好，所以每次上课都要录音。当时课上很多美国学生都知道，有一个东方学生在录音。有时他们缺课，都会来跟我借录音带。哈佛大学的教育方式是最让我感激的。

南都：哈佛最引以为傲的核心课程你当时上过吗？

王明珂：这种核心课程有两种，一种是每个系给全校本科学生开的，设计得非常精致。但因为我是去读硕博，所以没有上过这种核心课程。我想说的是另一种核心课程，譬如考古学入门、社会人类学入门，开设在大学的高年级跟研究生之间，张光直要我修的好几门课都属于这类课。哈佛这类型的课程训练是非常惊人的，不管你来自哪个国家，读的是什么专业，透过这种课，你的整个学术概念将被重整。

南都：能具体聊聊这种课都怎么上吗？

王明珂：这种课如为三个学分，便在每周一、三、五上课，每次只上一小时，但每堂课后老师会为下一小时列出至少一两百页的阅读内容，隔天上课前必须读完。而哈佛研究生一学期必须修四门课。所以我几乎每天都只睡五个半小时。在哈佛最痛惜的就是时间不够用，想修的课太多，能修的课太少。四门课负担已经非常重，但看到有些非常天才的同学能够修到五门、六门课，大家就只有羡慕的份。没有人会想翘课。

不只是学生，助教和教授都要付出巨大的劳力。一个助教负责十个学生，每周还要提前给一个特殊教室（实验室）做教学布置。譬如这节课上的是铜器时代，助教就要把哈佛大学的考古铜器库藏里不同文化的铜器拿出来布置，放上说明牌。学生要戴手套亲手摸铜器。为此，学生每一个礼拜都要写一个实验室报告。加上期中考、期末考、期中报告、期末报告，这就是所谓"全套服务（full service）"课程。在台湾没有一个大学能这样子去做。

南都：听说你那时还阅读了大量民族志？

王明珂：对，尤其在哈佛大学人类学系，对我影响最大的就是，没有人希望你空谈理论，老师总会要你提出民族志的实际例子来说明。我在写博士论文前要通过general exam（通用考试），须选三个主题领域，譬如我有个领域是"游牧人类学"。单就这一门课，几乎所有的世界游牧民族志我都读遍了，起码上百本书。

不满足于只做"解构式"的研究

南都：你在做学问方面有什么诀窍吗？

王明珂：对我来讲，最兴奋、最珍贵的时间就是晚上躺下去，还没睡着的那段时间。可以脱离琐碎的资料，去思考一些学术路线上比较宏观的问题。不过那个时间很短，通常不到十分钟我就睡着了。

我从考大学起就养成了长时间读书的习惯。如果只有两个小时，我反而做不了什么研究。有人会觉得工作到四个小时左右会很疲乏，我是越久越进入状态，到第四个小时恰是最进入状态的时候。

另外，我喜欢溪钓。这种钓鱼法需要徒步到深山里，找没有人的溪流钓鱼，活动量很大。过去我的一个读书方式是：时间已经不够了，还故意把时间再压迫一下。譬如距离大考只剩两个礼拜，我会先背着帐篷到山溪里去露营、钓鱼。三天以后，当觉得很懊悔而归心似箭时，便回来读书。因此，那一个礼拜或十天效率就非常高。

南都：你读硕士时就开始做羌族研究了，哈佛读博时也是这个方向，但侧重于文献。毕业后你就很明确要做田野了吗？

王明珂：我去哈佛读博时已经三十五岁了，而且人在美国，不好进行田野。我人类学系的那些美国同学，基本上读一年人就不见了，跑到日本或中国去做田野。所以我的博士论文还是偏向历史学。我1994年初次来到大陆时野心勃勃，在考古田野、人类学田野、游牧社会方面，我都有兴趣。当时我跟陕西考古所、青海考古所的学者们都谈过合作事宜。但是台湾学者要在大陆进行考古发掘很困难。

南都：最后选定进入四川羌族地区进行人类学田野是什么样的机缘呢？

王明珂：因为我在博士论文里，把古代的"羌"当作华夏心目中"西方异族"的概念，而不是把它作为一个民族实体。但汶川那边的确有些人自称羌族，我必须回答这是怎么回事。

如果是做"解构式"的研究，只需要证明近代所建构的历史或民族知识是被创造出来的，如此而已。1994年那次旅行，最后一站汶川。我记得自己只待了三五天，就印证了我博士论文中的观点，即对当时的羌族人来说，典范羌族史与羌族认同都是自外习得的新事物。但我认为，"解构"本身并不具有太多学术意义。我仍要问：在成为羌族之前，这边的族群认同体系是怎样的？他们在得到羌族历史记忆之前，又有着怎样的历史记忆？

南都：你刚开始在汶川做田野时，并不是以学者身份介入的？

王明珂：我运气很好，一去就认识了一批羌族老师，来自威州师范学校、阿坝师专，当然还有一些县志办等政府机构中文化程度较高的羌族朋友。他们当时正在着手建立一套标准的羌语文字，隔一段时间就聚在一起开会讨论。这些人对于本民族文化也非常热诚。因为师范学校老师教出的学生，毕业后大多数分到村寨的乡小教书。师范学校学生的家长，往往是村寨里一些有办法的人。所以只要师范学校的老师带着我做田野，各个村的村民们都非常热诚，因为我们是本地"老师的老师"带来的朋友。依照乡村社会的特色，我大都是住在村上"有办法"的人物家里，安全是绝对没有问题的。

南都：你采取的田野考察方式是移动、多元式的，这也有别于西方传统的人类学"蹲点"。

王明珂：说实话，起初是因为客观条件限制，我个人的时间安排和经费都不允许我长时间蹲守一处，我还有家人要照顾。做了八年、十年田野以后，我才慢慢感觉到，这种移动式的田野跟西方传统的人类学田野法则在知识产生的逻辑上是不一样的。

传统人类学强调长期深入"参与观察"，绝大多数学者视研究对象是"独特的"，一般要蹲点两年左右。但我认为，这样长期留在一地的蹲点田野研究限制了人类学学科的发展。特别是在历史人类学中，因为历史变迁的遗痕常在广大空间人群间造成"差异"，只有移动的多点考察才能在人群社会差异和社会边缘发现历史变迁的痕迹，以及认识"现在"。

田野实践影响了我的治学思路

南都：《羌在汉藏之间》算是你田野实践十年的产物。你在这本书里如何用本土的观点对羌族做历史诠释？

王明珂：最重要的是，我花了近十年时间去做田野，去发掘在成为羌族之前，这个区域人群的族群认同，以及那些看似神话或地方传说的"弟兄祖先故事"。我通过分析其中的血缘符号、地缘符号，认为这些故事就是有当地人观点的一种"历史"。而这些历史叙事都遵循一种叙事模式，我将这种规律称为"弟兄祖先历史心性"；随后在《英雄祖先与弟兄民族》这本书中，我重新思考华夏怎样形成它的"历史心性"，即"英雄祖先历史心性"，追溯了战国至汉代的华夏如何在这种"历史心性"下，将黄帝这个英雄祖先奉为凝聚华夏的共同祖先。

所以《羌在汉藏之间》及相关的田野经验，对我而言非常关键。使我建立起长期的，尤其是移动的田野思路，并因此发现"历史心性"这样的人类历史记忆文化。

南都：这十余年的田野实践，反过来对你的治学思路产生了哪些影响？

王明珂：因为做田野，以前读的一些理论譬如皮耶·布迪厄的"场域"与"习性"就慢慢地"活"了。除此之外，西方人类学在谈到如何去了解"异文化"时常讲："化陌生为熟悉，化熟悉为陌生。"这是强调，当了解异文化后，如何进一步审视我们自身的文化。

但不管是在人类学、社会学或者历史学中，这句话多半只是一个漂亮的口号而已。

另一方面，我在《英雄祖先与弟兄民族》这本书里建立了一套文本分析的方法。基于文本存在于时代社会，它们是某种社会现实所产生的文本表征，因此透过文本分析我们可以理解它背后的情境，这样我们能建立一种更可信的历史。我后续的工作，便是希望历史学界能够接受这种研究方法。

南都：作为史语所的研究员，你在学术脉络上是不是更亲近于顾颉刚的传统？

王明珂：顾颉刚的古史辨运动，多少刺激及促成史语所的新研究典范。但新研究典范却反过来把顾颉刚打入学术边缘。可以说顾颉刚的传统一直没有受到重视。在近代中国学术上，"中研院"史语所确实有很多的贡献。但作为史语所的成员，我却要去反思史语所过于典范化的研究。

南都：你接下来的学术计划是什么？

王明珂：我对整个东北亚历史一直很感兴趣，这牵涉到三个主要国家：中国、日本、朝鲜。因为很多东北亚国家间的历史之"结"，都聚焦在"满洲"这个地方。我并不是要找寻、厘清那些大家一直争论的历史事实。我认为，用传统的考古学、历史学方法争议这些问题是没有用的，甚至常造成敌对与冲突。我想以反思史学方法，建立一种有体会与体谅的历史知识体系。我希望能在一年内完成这本关于反思史学的方法论著作，我也希望能与东北亚几个国家的学者共同组成一个国际研究团队，对相关历史重新做一些梳理。

同题问答

对你影响最大的书有哪几本？

我高中时读过的书，目前较有印象的是美国作家房龙的《人类的故事》，还有《幸运夫人》，作者应是沃伦·韦弗（Warren Weaver）。前者最早让我对历史产生兴趣。后者让我在思考问题时较有逻辑。在学术方面，法国社会学者布迪厄的著作对我影响最大。

你认为，要做好学问，最重要的是什么？

在学习典范学术法则外，要怀疑及反思典范，并注意边缘及不寻常的现象。

你个人最满意的著作是哪一本？

《羌在汉藏之间》《英雄祖先与弟兄民族》。

学术研究工作要经常到深夜吗？工作习惯是怎样的？

我一般工作到晚上十一点，十二点就寝，不会太早或太晚睡。在早上六点到晚上十一点，只要有可能我便都在读书或写作，对我太太来说，这是个很坏的习惯。在开行政会议时，我经常也在读书，因有些会议实在不太需要用脑。

学术研究之外，有什么爱好？

过去年轻时我喜欢溪钓、爬山，多年来已无时间钓鱼了，但我的田野研究仍让我能经常接近山。

（2013年5月16日）

林贤治：自由的星辰在远方照亮我的写作

赵大伟

林贤治，作家，学者，1948年生，广东阳江人，花城出版社编审。编书之外，业余从事写作和学术研究。在他的写作中，文学和思想批评类的文章最有影响，著有《人间鲁迅》《五四之魂》《五十年：散文与自由的一种观察》《中国新诗五十年》等，曾获第一届在场主义散文奖。

从广东阳江的一个小乡村中一路走来，林贤治经过"农民""乡村医生"等身份的变化直至转变为出版社"编辑"。他没有经过学院的熏陶和培养，靠的是自己的兴趣和阅读积累，林贤治并不是严格意义上的"学者"，他更愿意把自己定义为"写作者"。"他们在客厅里，我在野地里"，林贤治对记者这样说，他把自己的写作与学院派知识人的书写区别得很开。他现在仍不会上网，也极少参加学者间的公开活动，保持着他的"洁癖"。

青年时期的成长环境让他的写作充满"自由感"和"政治意识"，而随笔式的写作无疑是他认为能够表达的最好方式。底层出身的经历造就了他的"底层意识"。"写作或是编书，只是不同的途径而已，一个知识分子最大的目标，还是促进这个社会的进步。"林贤治说。

阅读鲁迅让我更加清醒

南都：家庭环境对你走上学术之路有何影响？

林贤治：我父亲只是乡村的小知识分子。他虚岁十七岁就跑到外地当私塾教师,后来做乡村医生,这两重身份使他在乡下深孚众望。他非常重视和支持我读书,从我小时候认字开始,一直到后来他去世,我们家厅堂中贴的对联都是他写的,其中一联就是"书田无税子孙耕"(好像孙犁家里也贴这对联)。我父亲对我今天走向这道路起了启蒙作用,他叮嘱我跟这个社会和谐相处。

南都:青年时期的兴趣是什么?

林贤治:当时最大的兴趣是阅读,至于我对出版的兴趣,在初中的时候就产生了。那时我自己"编书",喜欢的新诗抄写下来,分成四册装订,取名《中国新诗选》。还编过几册古诗词。当时有旧书摊,淘书、补书,重新装订、糊裱、做封面,都是很有趣味的事情。

我来自乡村,对于乡土,有一种宗教徒式的感恩。高中毕业之后我回家种地六年,然后做了十年的乡村医生,乡村医生面对的就是民间疾苦。乡村缺医少药,农民没钱买药,相信巫婆,自己采挖山草药治病。这种情境最重要的是影响了我对一个社会的观感,对一个体制的认识。农村的生活引导我对底层命运的关注，培育了我的平民意识和底层情感。

南都：你是什么时候开始写作的？

林贤治：《南方周末》创始人关振东先生是我老乡，他最先推荐我的诗作，有一组发表在《广东文艺》上，后来《广东文艺》又约我写评论，我写了一万多字，他们准备用，调查我的政治面貌，公社组织部门的人把我的过去写得一塌糊涂，导致他们不敢发表我的文章，这是后来关振东先生告诉我的。我还写过一首长诗《中国农村在前进》，遭到同样的命运。这期间，我有一个从有所追求到完全绝望的心路历程，我开始阅读鲁迅，鲁迅的作品促使我更加清醒。这期间，我写了大概十一二篇关于鲁迅的文章，包括《鲁迅论〈水浒〉》《鲁迅论秦始皇》等。这些都是地下写作。

南都：这些文章算是你研究鲁迅的开始，文章后来发表了吗？

林贤治：没有。我最早写的是《鲁迅论秦始皇》。"文革"后，我把文章改好，跟中学时代的一位老师商量投稿，他批评我，这种文章是你有资格写的吗？后来见到陈铁健批秦始皇的文章，也就再没发表的兴趣了。然后是《鲁迅论〈水浒〉》，我把它寄给关振东先生，他将其转交给著名的杂文家牧惠（林文山），他当时在《学术研究》当主编，觉得文章不错，提出合作，以改稿的名义请我来广州。我借了一块表，第一次来到广州，跟牧惠先生讨论了两天，由我改动之后再给他定稿，后来发表在北京的《文学评论丛刊》上。

鲁迅传记的书写，就是与鲁迅对话的过程

南都：正式调来广州工作是什么时候？

林贤治：1981年，发表东西不再考虑到阶级出身和政治面貌了。《花城》杂志创刊时缺人，岑桑、李士非先生看过我的长诗，就设法把我借调上来。一上来，正好反资产阶级自由化，批《苦恋》《人啊！人》。我为《人啊！人》写过两篇辩护文章，一篇在《南方日报》发表，一篇在北京《作品与争鸣》发表。因为《人啊！人》

是在花城出版社出版的，或许是为了这两篇文章的缘故。据说是经过出版局党组讨论把我留下来的，因为我是乡下人，没有城市户口，实际上就是一个"农民工"，只是做文字编辑，不做苦力而已。直到1985年我才辗转把户口迁了过来。

南都：一开始在出版社做什么？

林贤治：我先是在《花城》杂志做诗歌编辑，后来调到诗歌编辑室编《青年诗坛》杂志。做了一年，《青年诗坛》就倒闭了，这多少和1983年下半年开始的"清除精神污染"运动有关。在这个运动里面我受了批判，被点名说是"广东现代派的代表"，当时差点儿要被遣返乡下了，报纸上有四五篇批判我的文章。

在这种苦闷之中我开始写鲁迅的传记。好在当时花城出版社的领导对我有保护，有一个从部队转业过来的罗兰如副社长在批判我之前知道了风声，私下告诉我要沉得住气，我非常感念他，但他已经不在了。李士非先生当时也挨批，他是《花城》杂志的第一任主编，对我很好，却没办法保护我。

南都：除鲁迅之外，在20世纪80年代你还有哪些研究？

林贤治：基本没有。我原意写《人间鲁迅》之后再写"胡风传"，这个时候我开始关注知识分子问题，后来没写成。倒是因为一个偶然的契机，舒芜的一篇长文带出了我的长文，就是《胡风"集团"案：20世纪中国的政治事件和精神事件》。

1999年，当时《北京文学》杂志社社长约我写五四运动八十周年的纪念文章，限期交稿，编辑天天打电话催我，结果我用了十多天写了八万字，当时的名字叫"五四之死"，却不准公开发表。同年年底，《书屋》杂志主编周实主动要我这篇稿，原文一字不动，只是把题目中的"死"字改为"魂"字，他有策略，11期他只发一万多字，剩下全部在12期发。当时，《书屋》杂志每年评奖一次，由读者投票决定，我的文章换了一套《全唐诗》，算是奖品。

南都：也就是在20世纪80年代初你开始系统地研究鲁迅？

林贤治：1983年有想法，准备从1984年开始。大概1984年、1985年开始写，1986年开始出第一部，一直到1989年，《人间鲁迅》的尾巴还有一点儿悲壮的感觉。

回过头看，在目前已经出版的鲁迅传里面，我自认为《人间鲁迅》对鲁迅表现得还算比较准确，从形到神。其次可以说厘清了鲁迅跟左翼文坛的人际关系，包括"革命文学"两个口号的论争，这一直是笔糊涂账。第三部我认为是较坚实的一部，里面很多材料是过去根本没出现过的，对邹韬奋、茅盾、郭沫若、夏衍都有严厉批评，这是过去没有过的。另外订正了部分史实，像流行的关于鲁迅加入同盟会，鲁迅给陕北红军致贺信等，我以为纯属子虚乌有。

南都：《人间鲁迅》算是你第一部有代表性的作品吗？

林贤治：应该是，在那之前我只是写诗，鲁迅研究在我准备和写作过程里改造和提升了我。研究他的思想来路有好几个问题，主要问题是过去的知识不系统。在写的过程中必须研读有关方面的书，比如说中国近现代东西方文化交汇撞击的大背景。第二个,鲁迅毕竟是中国知识分子的代表,中国知识分子你怎么看?什么是知识分子,知识分子这条线要拉出来。第三,鲁迅的现实感很强,他跟共产党、国民党的接触、认知,政治跟文化的互动等。这些也为后面这二十年我的阅读思考和写作打下一个基础。

南都:研究鲁迅的时候,跟你当时的精神状况应该是很相似的?

林贤治:鲁迅传的书写,就是与鲁迅对话的过程。与其说我去完整地表现我心目中的鲁迅,不如说更多地去警戒我自己,把自己从一种孤独、无助的状态中拯救出来。另外还有一点就是通过展现鲁迅一生的工作,跟现实的东西联系起来。我还是强调写作的那种主观性,或者说主体性。我非常讨厌所谓的"客观"这个词。

南都:在写作方法上,《人间鲁迅》跟其他鲁迅传记有区别吗?

林贤治:我在《人间鲁迅》的叙述、描写和议论中极其力求保持一种风格，追求事实、思想和诗意的融合。为了加强人物形象的真实性，我在书里也尝试使用内心分析的方法，还借鉴意识流小说的手法，都是此前的鲁迅传记所没有的。从前过多地强调外部的社会环境，而忽视内部的精神状态，包括他的孤独、苦闷、寂寞。外部环境又往往被等同于政治事件的叠加，而忽视周围知识社会的状况、精神氛围、人际关系、种种分裂与冲突。我特别看重分裂——统一性的瓦解，像留日学生的分裂、《新青年》的分裂、左联的分裂、兄弟和众多朋友的分裂，从不断的分裂中观察和表现鲁迅的特异性的生成。我把鲁迅当成一个伟大的矛盾统一体来处理，当成一个冲突的"场"来处理，也当成中国问题的一面"镜子"来处理。

南都：除《鲁迅全集》外，还有哪些书对你研究帮助比较大，有参考作用的？

林贤治：那时候基本上都是看西方的书。我在《阅读与写作》那篇文章里面，回顾了阅读的过程。鲁迅是个跨学科的人，尤其是西方的思想、文学和相关的知识，它的来龙去脉，你要了解，你就得找那些书来看。其实在写鲁迅的那几年，我觉得他也带动了我进行一次较为全面、系统的阅读。而且这种阅读，主要是放在西方。这个对80年代后，我自己的知识结构的重建有一个巨大的帮助。近二十年来，看文学书较少，主要是西方哲学和社会科学类的。

个人写作的三个分支

南都：在20世纪80年代初的环境下写鲁迅的，当时应该会有很多干扰。

林贤治：我写鲁迅是一种挑战。写之前看了十一本鲁迅传，全看了，我才有信心去写。挑战就在于，鲁迅生前的很多事情，一直到我写的时候，并没有被很好地理解。鲁迅传记出了这么多，你会发现对鲁迅早年的介绍很多，篇幅很大，到后期介绍却非常少，什么道理？他们回避问题。晚年非常难搞，第一，就是鲁迅跟左翼文化人的关系；第二，就是鲁迅跟党的关系；

第三，是鲁迅个人思想的内部矛盾和转化问题。到底到了晚年，他有什么新的"知"？这些以前没有人去探讨，见诸文字的很少，所以写起来很兴奋。

我自认为我的书基本上把鲁迅从1928年跟郭沫若他们创造社里面的关系，一直到进入左联的关系，最后跟周扬、茅盾的关系，这个人际间的线索理得比较清楚，在此前，那是笔糊涂账。比如鲁迅跟茅盾，实际上他们还是有很多不一致的地方，尤其在"译文"问题上，他对茅盾是非常有看法的。后来我到鲁迅家乡绍兴，见了黄源（鲁迅晚年的青年朋友），他特意从书架上取下来一包鲁迅的信件，抽出其中给萧军的给我看，里面提到"资本家及其走狗"。他第一次跟我说"资本家就是邹韬奋，走狗呢就是指茅盾、郑振铎"，这是黄源亲口跟我讲的，这印证并坚定了我的看法，鲁迅晚年的思想是复杂的。

南都：类似于黄源这种采访得来的资料，在写作鲁迅传中如何突破材料上的限制？

林贤治：这里有两个问题，一个是材料放着不用，不敢用；另一个是史识的问题，面对同样的史料，认识可以有霄壤之别。

南都：包括《五四之魂》《散文五十年》等重要文章在20世纪90年代末期已经发表，这可以说是你创作最高峰的时期？

林贤治：90年代后期写了长文，应该说有点儿小影响，《散文五十年》属于当代文学史的范畴，但里面还是带有思想史的痕迹。因为对于作家、作品、现象的观察，归根结底是对体制的质询。我后来做《鲁迅的最后十年》也一样，我有"史"的情结，历史的重要性在于它给现实问题的认识提供了经验。

在我个人的写作中，文学史是其中一个分支，鲁迅研究和知识分子的研究算一个分支，另外，政治思想史方面的研究也算是一个。这里讲的"研究"只是寻问性质的阅读和思考，与学院式的研究大不相同。

南都：当时写作《散文五十年》的状态和缘起是十分偶然的，在短时间内写作如此之巨的文章，材料在你之前研究过程中已经完全具备了？

林贤治：这篇文章的写作非常偶然，邵燕祥先生要我和他合作，编一部中华人民共和国成立五十年的散文选本，要我作序，还说序文可以多到三万字，结果收不住，一气写了十三万字。有的材料靠平日累积，有的是在编选的过程中接触的，像王蒙、余秋雨、贾平凹。这篇文章我很看重开头"根"和最后"其他"部分，我思考的主要还是体制问题，再就是批评标准问题。我一再把"自由精神""自由感"引入文学批评。

南都：鲁迅研究带动了你对知识分子的研究，而后是对中西方知识分子的对比研究，到现在的政治思想研究，这个中间建构起来的脉络可否梳理一下？

林贤治：我很高兴看到有人注意到我写作中前后一贯的脉络，或是交汇点，那就是一个"存在"。哲学家说"此在"。为什么要写作？因为我关注我的存在，当然，我的存在和众人的存在密切相关，因为我们都生活在同一个时代环境里，对生存境遇要有正确的认识，对我们自己的身份、命运等也得有切合实际的认识。存在问题使我不安分、愤懑、悲哀，于是我写作，我不考虑我的写作算不算"学术"或"艺术"。在我的观念中,永远是存在大于学术,存在大于文学。

我很反感所谓的学术规范

南都:在学术研究方法上,你自己的心得是什么?

林贤治:我对80年代建立起来的所谓学术规范很反感。80年代中期非常时兴方法论,我认为,价值论是第一位的,方法论是其次的,是派生的。你要了解某个观点,自由、平等、民主、正义,这些价值观念是最基本的,严密的规范妨碍到一个人的精神模式,思想、观念不自由,不可能有独立的创造。

南都:2000年之后,你个人经历和思想上的过程是怎样的?

林贤治:2002年我的随笔集《时代与文学的肖像》出版了,后来是《午夜的幽光》《纸上的声音》,等等。这些年读书多了,在写作方面径直走自己的路子,更多是写一些短文,收集在《孤独的异邦人》《旷代的忧伤》

等集子里面，基本上是文化批评类。我还是从鲁迅那里取法，用"随笔"的形式，他叫"杂感""杂文"，其实一样。我并没有想到要做成什么学术专著，为教授、专家所认同，也不在乎读者怎么看。重要的是我在写。

我喜欢"随笔"这种文体，汉娜·阿伦特说随笔作为一种文学形式跟她在头脑中的思想操练有着天然的亲近关系；本雅明也高度推崇这种片段式的文体。可以断定，"随笔"与自由有关。任何热爱自由的人，都会追求一种反体系、反规范的写作。

南都：2003年写成的《中国新诗五十年》可以算是《散文五十年》的姊妹篇，为何要为文学史梳理脉络？

林贤治：在《中国新诗五十年》的导论里面，我提出"怎么评价伟大的诗人"：诗不是重要的，必须把人放在第一位，唯有自由的诗人才能写自由的诗篇。我是把文学作为人文产品来看待，同时还要把它放在一个时代大背景下看待，这种大的眼光我觉得是必需的。认识一个时代，需要多方面取证，所谓"见证历史"，文学史是一个方面。

南都：《人间鲁迅》和《漂泊者萧红》研究算是文学史的个案研究，而《散文五十年》《中国新诗五十年》则是全面的历史总结，这之间的关联是什么？

林贤治：我的写作全凭个人意志进行，响应内心对自由的召唤，所以也没有严格的规划。但大方向是存在的，古人说"文章大抵不平则鸣"，我有不平之气，所以充实、饱满，写作状态好。

我的两本文学史论确实与时下出版的文学史观点和写法都不一样。说到文学史，除了《十九世纪文学主潮》，我欣赏的只有上海外语教育出版社的《美国文学史论译丛》，尤其是其中的迪克斯坦和考利。

南都：在随笔集《旷代的忧伤》和《孤独的异邦人》等书中，旁征博引，知识量丰富，是否和你做读书笔记有关？

林贤治：写短文无须做笔记，写长文或是专著时，我把几十本、几百本书摞到一起，集中读，有时候一天可以读十几本。

南都：写作上还有没有哪些未完成的心愿？

林贤治：巴金我要写一本，不是写巴金的传记，而是以巴金为经，以他的朋友曹禺、冰心、萧乾、沈从文为纬，展示中国知识分子一百年间的变化，看知识分子是如何与政治、体制互动的。再就是一部关于"革命"的书，在世界范围内，革命是不是已经终结，可以"告别"了呢？这是一个大问题。说到底，学术、文学都是第二位的，首先我们是中国人，然后我们是中国的文化人。

同题问答

对你影响最大的书有哪几本？

《鲁迅全集》，我看的还是1981年的版本，全破了。

做好学问最重要的是什么？

对自由、真实和真理的探索。

个人最满意的著作是哪一本？

谈不上最好的，《五四之魂》自觉略好一点。

学术研究工作要经常到深夜吗？工作习惯是怎样的？

半夜两点多睡觉，早上九点多起来阅读，下午编书，晚上写作。

学术研究之外,有什么爱好?

哼哼歌,散散步,乱翻书。

(2013 年 5 月 23 日)

葛兆光：我们这一代人的政治关怀、现实情怀是很重的

颜 亮

葛兆光，1950年生于上海，1984年北京大学中文系研究生毕业，现为复旦大学文史研究院及历史系特聘教授。曾任扬州师范学院副教授、清华大学教授，并曾在香港城市大学、日本京都大学、台湾大学、比利时鲁汶大学等校任客座教授。主要研究领域是中国宗教、思想和文化史。主要著作有《禅宗与中国文化》、

《中国思想史》（两卷本）、《宅兹中国——重建有关"中国"的历史论述》（以下简称《宅兹中国》）等。

在复旦大学的办公室见到葛兆光时，他刚从香港回到上海，还有些风尘仆仆。葛兆光现在是复旦大学文史研究院的院长，常年穿梭于海内外的各种学术会议，往来奔波，对他而言，早已是家常便饭。

"我打算下个月（6月）就请辞，辞掉文史研究院院长的职务，回到我熟悉的学术世界。"处理了一早上的行政事务，稍稍坐定后的葛兆光向记者宣布了这个消息，"我在文史研究院做了两任院长，应该说成绩辉煌，但我实在太累了，已经完全支撑不下去了，不想再花时间在烦琐的行政工作上了"。这个消息难免让人有些意外。2007年，葛兆光从清华来到复旦。当时，葛兆光对思想史的研究重心已经转向了东亚研究，他希望通过考察东亚各国与中国的互动关系，进一步探究中国。

这个课题延续了他对中国思想史的想象，但它是如此庞大，即便是葛兆光，也觉得有些力不从心。此时复旦邀请他来主持文史研究院，无疑充满了诱惑，"他们（复旦）没有给我任何限制，现在的文史研究院相当于把我一个人的想法变成了大家的想法，这六年做下来，在国内外都有一些影响了"。辞去院长之职后，葛兆光会继续沿着自己之前的路子做研究，"我觉得不论在思想史、文化史、宗教史，东亚领域还是中国领域，我都还能做出一些新东西"。即便他有时也不得不提醒别人自己早已年过六十这一事实。

学古典文献的人被叫作"出土文物"

南都：你在北大读的是古典文献专业，当时为什么会选择这个专业呢？

葛兆光：坦率地讲，我们这一代人开始进入学术领域根本谈不上什么自觉或者有意识的考虑，因为我们年轻时正值"文化大革命"。"文革"开始时，我只有十六岁，初中刚毕业就停学。1968年下乡当知青，在苗寨待了三年多，之后就在县里的工厂，这样差不多持续了十年，1977年年底才参加高考。

当时哪里有什么可以选择的余地，只要能给你上大学的机会，什么都愿意学。我们固然有个人兴趣，比如说我，我爱看书，看内部出版的《圣马力诺史》《匈牙利史》这样的"白皮书"；也看了很多苏联"解冻时期"的小说，像《你到底要什么》《多雪的冬天》；还看各种各样的论著，比如刘大杰的《中国文学史》、李约瑟的《中国科技史》及中国古代的《宋元学案》《明儒学案》。在那个时代，没有那么多选择的空间，是国家的整体状况在推着你向前走。

南都：当时很多人参加高考都有一个"回城复习"的阶段，你在贵州有没有？

葛兆光：这倒没有。1977年国家公布能再次高考时，我正跟着供销社下乡工作队在苗寨，是从广播里听到的这个消息。当时距离高考也就一个来月时间了，我这才开始准备。我只有初中文化水平，高中数理化完全不会，文科虽然也考数学，但毕竟还有一个月的时间，所以算算还应付得来，我只有选择考文科。之后一个月我别的都不复习，只学习高中数学。囫囵吞枣把高中数学都学完，最后居然还能差不多考满分。不过那些知识，我考完以后就全忘了，到现在我差不多连初中数学都不会了。（笑）

南都：你报考了北大的古典文献学？

葛兆光：当年北大在贵州招生，计划中就只招古典文献专业一个学生，没有其他的选择。我大概知道这个专业是学钻故纸堆的，但具体学什么却不是很清楚。当时，只要能上大学就好，尤其是北大。除北大外，我当时填志愿好像还填了复旦大学和武汉大学。

当时总共考四门：史地、政治、语文和数学。因为我当时已经二十七岁，所以语文和数学还得加试一题。当时如果我是二十五岁以下，那么，我数学可以是满分，但加试那道题不会呀。史地和语文分数都很好，总分很高，最后北大录取了我，我也就稀里糊涂去了。所以说，走上古典文献这条路，并不是有意识的选择，而是在各种各样条件下造成的被动选择，当然，后来在学习过程中，兴趣慢慢被培养出来了。还算比较幸运，如果选了自己始终不喜欢的专业，那就很痛苦了。

南都：当时北大古典文献学的教学情况是什么样？

葛兆光：古典文献有"六大门"，也就是六门课：文字、音韵、训诂、目录、版本、校勘，每门的量都很大，这是其他专业所没有的。除此之外，它又同其他专业有一些共有的课，这一部分就非常杂了，我们需要跟哲学系上中国哲学史，跟中文系上文学史，跟历史系上通史，等于我们什么都得学。另外还有一门重要的课，叫中国文化史常识，那时候给我们上课的老师是大家云集：王力、邓广铭、史树青、刘乃和、阴法鲁等。这门百科全书式的课，讲官制、音乐、天文、历法、目录、科举、绘画等，什么都有。这种"杂"使得我们的知识面变得比较宽，所以我觉得这门课对我所学的这个专业来说还是很有用的。

南都：这么说来，当时你们学的东西算是"新旧结合"了。

葛兆光：它有旧有新。旧的就是我刚刚讲的"六大门"，是中国传统学术的一些基本方法和基本技术。

而中国文学史、中国哲学史、中国通史又使得旧学跟新学有一个衔接，相当于在旧学的基础上，又知道新的学科的一些知识。

我们读书时，别人就管我们学古典文献的人叫"出土文物"。文学专业的学生很活泼，唱戏、跳舞、写诗、写小说，这些很容易轰动一时，一下子很红，当时陈建功的《飘逝的花头巾》红得不得了。而我们专业不可能火，但是，我们这种训练把旧和新结合起来，而且对我们提出了"内功"的要求，因此，对我们后来的学术之路有很大的好处。

南都：给你上课的有那么多大家，他们在学术上对你产生了什么样的影响？

葛兆光：对我的影响很大。现在回想起来，那时的大家真的很多，但当时都没什么感觉。金开诚、裘锡圭先生当时也只是讲师、副教授，他们给我们上古文字学这门课，要求很严，但当时也没觉得有多大牌。

在专业规定方面也很宽松，我们专业属中文系，但是我研究的是历史学，记得我大三的时候就在《北京大学学报》上发过一篇文章。我应该是"文革"以后第一个在学报上发表文章的本科学生。但推荐我发表的人不是我们系的,而是历史系的周一良先生。所以说,我们当时是转益多师,很难说哪一位老师对自己影响特别大。读研时期,我的老师是阴法鲁和金开诚,直接管我的是金开诚老师,他对我们是完全放手。我做什么题目他都是不管的,我做的是史学史,硕士毕业论文写的是明清之际的历史学,而他自己是搞楚辞的,根本不管我,于是我就随便搞。

《禅宗与中国文化》印了近十万册

南都:那个时候就开始完全自己做了?

葛兆光:但老师们也会给我们很多方法上的启示。比如,金开诚先生跟我说:"给你一棵白菜,你也要做一桌席。"意思是说,使用史料要用透,对历史材料的研究要达到一种"油都被榨干"的感觉。当然还有很多其他老师,像严绍璗对海外中国学的介绍,周祖谟对语言文字学的解说，裘锡圭"两重证据"就是地下发现与传世文献结合的分析，特别是历史课上张广达先生对中古文化交流史的叙述，都有不小影响。所以我说，我们当年读书的时候，很难说谁影响你，但在北大这样的环境下，当周围都是一些不错的学者和很不错的同学时，你自己就会把自我要求提高。

南都：1986年出版的《禅宗与中国文化》是不是你的第一本书？

葛兆光：其实，从写作时间上来说，那不是我的第一本书。我的第一本书是与金开诚先生合作的《历代文学要籍详解》，后来再版时改了个名字叫《古诗文要籍叙录》，这本书有五十多万字，至今很多人还认为很好，因为当中对古代诗歌和散文总集、别集、诗文评，在文献学上有很详细的考察。这本书是比较早的一本书，1983年写完，只是1988年才出版。

我1984年左右才开始写《禅宗与中国文化》，写这本书是因为当时我研究明代史，觉得明代中后期禅宗对于士大夫影响很大，所以我开始涉猎禅宗。

南都：《禅宗与中国文化》当时是怎样出版的呢？

葛兆光：因为当时知识很少，写得很粗糙，原来只想写明代，后来越写越大，结果写到整个中国士大夫。1984年我研究生毕业，去了扬州师范学院，不久就到了复旦大学帮忙上课。当时，朱维铮先生正在编《中国文化史丛书》，他看到这个稿子就跟我说："这个好啊，一定要拿来出版！"那时候对禅宗的知识没有掌握那么多，但是朱先生很支持这种"旁门左道"的野狐禅，所以我当时很快就交稿了，现在看起来很是汗颜。

让我颇为吃惊的是，这本书后来竟风靡一时，还被翻译成外文出版，现在我也不愿意再版，因为那里面错误太多，除非让我再修改一遍。不过在20世纪80年代，它毕竟是当时第一本讲禅宗的书，又正好赶上了"文化热"。如果要从学术角度来讲，它的学术水平并不高，但它的影响确实很大，而且因为我大概文字写得还算好，年轻学人爱看，因此大概印了近十万册。

南都：《禅宗与中国文化》算是你的成名作了吧？

葛兆光：你说它是我的成名作也可以，它确实给我带来了很大的名声。书出版后，还获得了第一届"中国图书奖"，老一辈学者胡道静先生、日本学者吉川忠夫教授都给我写过书评，当然这些都很激励我，也直接导致我开始研究宗教和宗教史。之后我用了不到一年时间，就写了《道教与中国文化》，这本书比《禅宗与中国文化》写得好一些，当时对宗教开始有兴趣也有积累，内容也由以前情绪的批判转变成批判的分析。这本书虽然印数不及前一本，但被翻译成日文、韩文，出版了好几个版本，在国外评价还算比较高。

南都： 这样看来，你学术的转变也是有很大偶然性的。

葛兆光： 应该说是"形势比人强"。整个学术、文化和思想的潮流，比个人自觉选择力量要大，它推着你走。在这两本书以后，好多年我都是在做宗教史，尤其是从文化史的角度研究宗教史，一直到后来我写《增订本中国禅思想史——从六世纪到十世纪》《屈服史及其他：六朝隋唐道教的思想史研究》都是沿着那个方向，只不过，后来写得更加规范、准确、有自己的想法，学术性也强了。

南都：20世纪80年代，可以说是文学对现实批判的顶峰，当时史学的情况是怎样的？

葛兆光：我没研究整个史学界的状况，只能说80年代历史学界所做的最重要的事情，是走出原来的框架，走出原来非常僵化的阶级分析方法和社会发展史的框架。它的冲击力很大，那时候是先"破"后"立"，必须先破掉僵化模式。所以，80年代你看到各种历史论述纷纷登场，什么"老三论""新三论"，现在看来方法还是很机械，但它把思想一下子解放了，这是很重要的。

我并不喜欢"新三论"这些东西，我可能还是更喜欢通过文化史的方法来重新讨论中国历史，所以《禅宗与中国文化》后记里就讲如何从中国文化史的角度来研究禅宗。

我写的思想史也许"破"多"立"不足

南都：宗教史的研究，应该与你之后开始做思想史有直接关联吧？

葛兆光：当然有，我后来做思想史就是从宗教文化史延续下来的。我研究佛教、道教以后，很多朋友认为我有条件做一个整体的思想史。刚好我那时候要在清华大学给本科生开思想史课，一开始是写讲义，就把文献学、历史学和佛教、道教三方面的知识结合起来，在写的过程中出现了很多想法，回头再去检查过去的思想史著作时，觉得有太多问题。后来，我之所以写这么长的导论，就是因为我觉得思想史领域跟整个历史学其他领域是一样的，都存在三个方面的问题，一是政治意识形态的教条；二是传统中国的价值观对于思想史主流和非主流的区分；三是过去教材式的写法，使它没有形成有贯穿性的脉络，而是被切成块的。所以我觉得要重写思想史，这在很大程度上，就跟重写文学史、重写历史是一样的，所谓"重写"，最主要的就是针对过去僵化和教条的现象。

南都：怎么来总结你的《中国思想史》的特点？

葛兆光：首先，我强调思想史不仅要写精英的，而且要写一般的思想世界，特别是讲清楚精英思想是怎样通过常识化、制度化、风俗化进入一般的思想世界，成为实际上指导人们生活的准则的。其次就是思想史一定要知道思想跟知识之间的关系。中国古代不少思想史问题中，这些知识背景都是需要考虑的。再次，我特别反对过去那种以人或书为一章一节的做法，那种做法相当于把它跟其他割裂开来，而且，这样也只能写有著作的人，只能写精英，不能写别的，与社会和政治的关联性也因此模糊。所以，剑桥大学的思想史家斯金纳提倡"思想史研究的是语境中的思想"，不搞清楚语境怎么行呢？

南都：你似乎特别注意研究方法？

葛兆光：原来这本书的《导论》只有八节，后来增加到十一节，都是在讲方法。之所以要讲方法，是因为过去的方法论很厉害，已经形成了一种固定的思想史写法，包括注重精英思想而忽略一般思想，关注上层而不是生活世界，强调所谓进步的而不是讨论整体，写主流而忽视了边缘，以人为章节而不顾及历史脉络，这些问题都需要讨论，而且过去思想史的资料范围也有局限。

这一思想史的写法实际上给我们造成困扰，而且背后都有很强的政治意识形态性质，并不仅仅是一个写法的技术问题，这就是我花这么大力气的原因。我现在的做法，就是抛开这个既定的脉络，更广泛地收集资料，让历史回到"披头散发"的原初状态，重新按照新的理解梳理脉络。这样一来，就可能重新发现思想史，否则就只是在原来的基础上修修补补，而背后的政治意识形态因素还在。总之，之所以写这么长一篇《导论》和一个完整的思想史，是因为只有整体才能对抗整体，如果只是写局部，是不能起替换作用的，只有把整个思想史重新理一遍，这样才有可能建立一个新的历史"脉络"。

南都：难怪有人说你野心特别大。

葛兆光：也不是说野心。我写的思想史，《导论》可能冲击性比较强，但《中国思想史》本身，也许"破"多"立"不足。不过，我是学文献出身的，或许资料看得比较多，也有一些过去不用的新资料，但以我一个人的力量，把所有的新方法、新资料都用上，那是不可能的，我只是在尝试建立一个新脉络，示范一个新写法，发掘一些新资料。

南都：现在很多人做学术，生怕跟现实有太大关联，觉得那样太易朽了。

葛兆光：这跟年龄有关系，像我这个年龄的人，不能忘情社会是很自然的，有些年轻的人对于社会没有那么深切的关怀，而我们这一代人的政治关怀、现实情怀是很重的。你所说的情况也难免，我们不能要求年轻一代跟我们一样，他们生活和教育的环境跟我们不一样了。当然，这可能会导致两种结果，一种是他们的学术更精进、更专业、更技术化，另一种是他们的学术里现实关怀和人间情怀可能会少一些。但是，麻烦的地方也在这里，你要知道，在中国真正能产生巨大影响和能够使人产生共鸣的东西，常常跟现实关怀有关，我不能说那种技术化、专业化的学术不好，但是我很担心它会失去人文学术的影响力。

打算辞掉文史研究院院长

南都：对于东亚和中国的研究是在怎样的契机下开始的？

葛兆光：开始关注东亚研究，有两方面原因，一方面，我的《中国思想史》最后一章是写1895年，1895年以后的中国，不得不跟周围的亚洲或世界发生关联，不可能是孤立的中国。如果你要写甲午战争、《马关条约》以后的中国思想界，就不得不去看日本和朝鲜，当然还有西方。另一方面，2000年以后，我感觉很多人追随日本、韩国学界，特别爱谈"东亚""亚洲"，我觉得这里面有一个问题：就是"东亚"或者"亚洲"如何可以成为一个历史世界？当你热衷于讨论亚洲和东亚的时候，会不会忽略了国家的存在？

从近世以来尤其是明清以来，中国被迫卷入一个跟周边多重关联的世界里，你的历史又不得不跟周边发生关系，所以，一方面我们要强调周边跟中国的关系，一方面又要强调中国历史世界的完整性。所以，我在很长一段时间里，在看日本的近世资料，看李朝朝鲜汉文文献，这就是后来我进入东亚研究领域的原因，包括《宅兹中国》，都是这一个思路或脉络下来的。

南都：这么说来，研究周边的目的仍然是为了研究中国？

葛兆光：对，我做东亚研究，目的还是中国，这是我这十来年一直在做的事情。在历史研究上，我们处于一个左右为难的处境，一方面我们承认中国跟周边关联性很强，想要说明近世中国，没有周边的文献、影响和交流，不大能说清中国；但另一方面我们也很担心，随着全球史、随着超越国家的后现代历史学的兴起，我们怎样说明中国这个特殊的历史世界在很长时间内的稳定性和连续性。这是很尴尬的地方。我2006年到复旦大学组建文史研究院，目的之一就是推动这个"从周边看中国"的研究方向。

南都：你对于未来学术设想是怎样的？

葛兆光：我打算下个月辞掉复旦大学文史研究院院

长职务，这样可以回到我熟悉的那个学术世界。文史研究院建立六年，在国际学界逐渐产生影响，可以说成绩很辉煌，但我已经非常疲倦了。现在我的辞呈学校接受了，因为校领导也知道我实在很累了，我的眼睛很不好，精力也大不如前。在这之后，我希望沿着我原来的思路去做一些研究，希望我的思想史观念、从周边看中国的构想，以及跨学科的历史研究方法，还能有一点新的影响。

南都：能不能聊聊你与余英时先生的交往？

葛兆光：余先生是我很尊敬也很佩服的学者，这些年因为我每年都去普林斯顿大学担任访问教授，跟余先生有很多的接触。我们也特别聊得来，他对我们这一代学者的影响很大。

特别是，你能感觉到，他不仅是在学术上很了不起的学者，更重要的是他对中国有超出学术之外的关怀，所以我们能聊得来。他对我们的影响，除了人格上的，在中国思想史的研究方法上也非常有启发性。我觉得，余先生的思想史研究路数与我非常接近，都很重视思想的历史世界。但我从来没问过他对我的《中国思想史》有什么看法，余先生也不会特意说这些学术上的看法，更多时间我们只是闲聊。在某种意义上，这种闲聊更重要，如果是专门的学术讨论，或许要板起面孔来，这就没有意思了。我们闲聊是随便讲，有典故、有历史、有政治、有生活，天上地下什么都有，在这种闲聊中，我得到了很多。

南都：你会给当下年轻学者一些怎样的建议？

葛兆光：给年轻学者提建议这事，应当是鲁迅和胡适这样的人做的。我没有什么特别的建议，只是希望：第一，切莫忘记人文学术要有社会关怀，无论问题、史料，还是论述，心中想的除了有古代世界，还要有现代世界；第二，切莫忘记在国际化的时代下做学问，必须要了解国内、国外同行的研究，而且应当形成对话；第三，还是老话，一切以文献为基础，没有文献基础就盖房子，等于是在沙上盖房子，沙一流动房子就垮掉了，而夯实文献基础，是要下苦功夫的。你不能要求每个人都做特别大、特别新的题目，但至少也不能拘守那么小、那么旧、那么局促的领域。要不然，大家只能变成技术性的从业员，而不是一个有关怀的学者。

同题问答

对你影响最大的书有哪几本？

太多了，各种书都有影响，而且我也不可能只受一本书影响。

你个人最满意的作品是哪一部？

按照标准答案，应该说是"下一部"，但是下一部是什么我还没想好。

对于之前的作品最满意的是哪一本？

各有不同。像《古代中国文化讲义》很通俗，适合一般读者入门；《宅兹中国》代表我的最新想法，引起争论；《中国思想史》篇幅最大，也花了最大力气去写。

工作习惯是怎样的？

过去精神非常集中，能一直工作四五个小时，现在年纪大了,身体不好,也不能坚持原有习惯了。

学术之余有什么爱好?

过去有很多爱好,年轻的时候几乎会所有球类、棋牌,也会画画儿,现在业余兴趣都没了,除了看电视上的体育比赛,其他的都变成干巴巴的了。

(2013年6月6日)

洪子诚：从"集体协作"到一个人的文学史

邵 聪

这些天，客居台湾新竹的洪子诚一直忙着同《中国当代文学史》日文翻译者（九州大学教授）最后落实翻译上的疑难之处。这部于1999年出版的《中国当代文学史》，甫一问世，即被学界视作超越20世纪80年代"重写文学史"思潮局限、文化再反思的集大成之作。

作为20世纪30年代出生的学人，洪子诚1956年考入北京大学中文系，本科毕业即留校教授写作课。从50年代后期现当代文学史学科初创，到70年代后期定型，再到80年代的"重写"，每个重要节点上，洪子诚都未缺席。但当80年代一批当代文学史学者满载学术声誉时，洪子诚还在埋头做他的"教书匠"，"2002年退休前的两年，我还一直给本科生上课"。直到90年代，洪子诚的学术研究才受到学界关注。

采访中，洪先生总强调自己是个"临时反应十分迟钝的人"。在其著作中，也常提到自己"怯懦"和"犹豫"。但正如洪子诚的学生，现如今的北京大学教授戴锦华所言："当代中国史的书写，与其说更需要勇敢与力度，不如说它索求的，可能正是某种冷静而寂然的姿态。"其中的"冷静寂然"四字，恰可作为洪子诚治学之路的生动写照。

"集体写作"的经验

南都：你是1956年考入北大中文系的，当时北大的文学氛围如何？作为中文系的学生，有过当作家的念头吗？

洪子诚：那时候北大有全校性的文学社团，就是"五四文学社"，社团还创办了名字叫《红楼》的刊物。当时，谢冕、张炯、林昭、沈泽宜都是"五四文学社"和《红楼》的骨干。

读中学和刚进大学时，确实有过当作家的念头。不过，当年北大中文系系主任杨晦先生一再跟我们说，中文系不培养作家，加上我那时候投稿都被退回，包括《红楼》，我投过好几次稿，有诗、小说，大概只登了一两首小诗，其他都被退回。这对我打击很大。我不是个不屈不挠、意志力强的人，遇到这样的挫折，也就打消了当作家的念头。

南都：你上学那会儿，学习什么内容？名教授给你们上课吗？

洪子诚：在1958年之前，教学还是按部就班的。大学一、二年级主要是修基础课，中国文学史占有非常大分量，因为当时向苏联"一边倒"，俄语是必修第一外语。像古代汉语、现代汉语等也有很多课时。那时候基础课都是名教授教，比如讲文学史的游国恩、林庚、浦江清、吴组缃、王瑶，讲古代汉语的王力、杨伯峻，讲现代汉语的朱德熙、林焘，讲语言学的高名凯……我都听过他们的课。这些课程让我受益匪浅。但是1958年以后，教学秩序就开始不稳定了。

南都：1958年，你和谢冕、孙玉石、孙绍振、殷晋培、刘登翰集体编写了《新诗发展概况》。能简要回顾一下这段经历吗？

洪子诚：在前些年写的《回顾一次写作——〈新诗发展概况〉的前前后后》书里，对这次编写新诗发展概况的过程，我们五个人（殷晋培先生90年代初已故去）各自有详细回顾和反思。这次编写，既属于当年开展的政治运动（毛泽东号召年轻人占领资产阶级"阵地"，"拔白旗，插红旗"），也有某种朋友合作的性质。当时《诗刊》副主编徐迟先生找到谢冕，然后由谢冕物色爱好诗歌的朋友编写。我们六人在寒假期间，自带行李，从图书馆借出几百部诗集，运到北京和平里作协的两个房间的宿舍里。在那里大概不到一个月吧，分工写出初稿，回学校之后又做了许多修改。其中有四章刊登在1959年的《诗刊》上。

编写《新诗发展概况》就我们六个人，基本没有什么专门的讨论，就是七嘴八舌乱吵一通，一人分一个阶段，自己看材料。所以"概况"从学术上说是粗糙的，也是粗暴的，不过这段学生时期的经历，却很难忘。

南都：这次"集体写作"的实践，给你的学术生涯带来了哪些影响？

洪子诚：集体科研我当时参加过多次，除编写《新诗发展概况》之外，还参加年级组织的现代文学史、古代戏曲史编写，但最后都不了了之。在此之前，我对学术研究可以说一无所知。这些活动如果说有什么收获的话，那就是有了搜集、阅读资料，发现问题，归纳论点等科研实践的初步经验。

南都：上大学期间，对你影响较大、印象较深的老师有哪些？

洪子诚：印象很深的有吴组缃先生讲《红楼梦》《聊

斋》《儒林外史》等明清小说，从他那里，见识了生活阅历、写作经验、艺术感觉互相渗透、支持所达到的境界。还有就是常被提到的林庚先生讲唐诗。他讲李白的神采飞扬，自己也如想象中的李白那样神采飞扬。朱德熙先生分析作品和讲现代汉语语法，注重的不是提出和论证结论，他提出几个可以进行比较的观点和方法，启发学生自己从中去分析、判断。孙绍振对朱先生的讲课有很好概括：他"并不要求我信仰，他的全部魅力就在于逼迫我们在已有的结构层次上进行探求，他并不把讲授当作一种真理的传授，而是当作结构层次的深化"。

教写作的"好处"是重视作品分析

南都：大学毕业后你留校教写作课，这段经历对你的治学有无影响？

洪子诚：1961年我本科毕业，毕业分配时我第一志愿填的是西藏。这个志愿无关崇高理想，就是和几个要好朋友的约定，而且浪漫地认为那是让人向往的地方。大概以为最遥远就最有趣吧，但最终没有去成。学校开始留我当研究生。后来研究生名额压缩，就让我教写作课。这是当时文科各系的必修课，因为要改大量作业，负担比较重，又普遍认为它没有学问，很多人不愿意教。"文革"之前我一直都是教写作。当时也很不安心，但事情还是认真去做。

现在看来，得到的"好处"是重视作品的分析。你想契诃夫《凡卡》那么短的小说，要讲两个钟点，就必须细读，找出许多观察的角度。另外，写作教学也培养了我对语言的敏感，让我明白，把话写得明白、顺畅、确切，是多么不容易的事情，值得一辈子去追求。

南都：从毕业到"文革"，这段时间有无集中的阅读范围？

洪子诚：因为是教写作，没有确定的专业阅读范围。那段时间读了鲁迅的大部分著作，契诃夫当时全部的中译小说、剧本。雨果、屠格涅夫、托尔斯泰的小说，高尔基的回忆录，读了亚里士多德、莱辛、狄德罗、别林斯基、恩格斯、丹纳、普列汉诺夫的一些文论。不知道什么原因，恩格斯的《费尔巴哈与德国古典哲学的终结》、丹纳的《艺术哲学》和普列汉诺夫的《没有地址的信》，当时读得很认真，书上画满红蓝色道道。这些书让我特别注意事物的历史情境，但也让我太"唯物主义"，压缩了我本来就不多的想象力。也仔细读了《红楼梦》和《聊斋》，读了一些中国古典文论，《诗品》《文心雕龙》《苕溪渔隐丛话》《沧浪诗话》什么的，但是没有耐心，大多不求甚解……一个时期迷上话剧，经常进城看话剧演出，读曹禺、易卜生剧本。当代中国作家创作也读了不少。总之是茫无头绪，杂乱无章。

南都：1977年你转入新成立的当代文学教研室，当时的情况是怎样的？

洪子诚：北大中文系1970年恢复教学。第一届工农兵是七零届，本校和江西"五七干校"同时招收学生，每个班只有很少的学生，二十到三十人左右。"文革"结束恢复高考，七七级进校后，教学内容就开始调整了。"文革"前北大中文系教文学史的，都在一个教研室，现在分细了，有了古代、现代、当代的划分。

当时写作教学小组将近二十人重新选择专业方向。张钟和谢冕正筹建当代文学教研室，问我是否愿意加盟，我就答应了，总算有个归宿。当时大家热情很高，有一种想做一点事情的劲头，关系也融洽。最初做的就是给刚进校的七七级、七八级学生开当代文学课；同时也开始集体编写教材。

南都：编写了《当代文学概观》？

洪子诚：是的。当代文学作为一个学科，教学自然要有参考书。当时许多学校都在编当代文学教材，我们也觉得应该编一本。于是1977年，张钟、我、佘树森、赵祖谟、汪景寿五人合作，我负责诗歌和短篇小说两章。

《当代文学概观》的编写是一种非常自由的合作，不像过去和后来集体编写教材，要认真统一观点，讨论体例和章节安排，分配字数，初稿出来后还要讨论、修改、统稿等。我们基本没有这些程序，几个人交换意见，分工，然后就分头去看材料写作。按照当时通常的体例，会划分时期、阶段，也会讲当代文学思潮和文艺思想斗争。我们觉得思潮、斗争部分那个时候还没有经过清理、反思，不容易讲得清楚，就有意识避开这个方面。

南都：什么时候开始你将"十七年"（1949—1966）和"文革"两个时期结合在一起，统称"50—70年代文学"的？当时学界对于这种说法有无质疑？

洪子诚：应该是80年代初给七九级学生上课的时候就采用了。那个时候，当代文学分期有所谓四分法和三分法。三分法就是"十七年""文革"和"新时期"，四分法以1956年为界又将"十七年"划分为两段。我给七九级学生上课专门用两节课讨论这个问题。觉得三分法、四分法都有一定根据。但是，我认为当时对"文革"的憎恶，过分强调"十七年"文学和"文革"文学的断裂，它们之间的连续性被忽略，后面这一点其实更重要。因为我没有写文章正式讨论这个问题，好像没有引起争论。但是我1986年出版的《当代中国文学的艺术问题》一书、1991年在日本东京大学上课（讲稿后来整理成《中国当代文学概说》出版），以及1996年的论文《关于五十至七十年代的中国文学》，都一直沿用这个分期方法。现在大家都习惯把"当代文学"分为"前三十年"和"后三十年"了。

南都：20世纪80年代的当代文学史研究，很多"事实"都还没有成为研究对象。比如当代文学团体、作家组织等都没有纳入文学史研究的视野。你是什么时候意识到这个问题的？

洪子诚：80年代后期上课就开始讲这个问题，但还不是很系统。80年代中期，我对当代作家的精神、思想境界问题有比较多的关注。那个时候研究界主要是从人格、思想文化传统的方面去解释。我注意到这里面存在被忽略的"物质"、制度的因素，包括作家组织、刊物出版、作家社会地位、经济收入、作品评价程序、奖惩制度等，基本上属于权力控制方式。当代文学一体化进行的思想、文学规范，很重要部分是通过制度实施来保证的。当时也读到像埃斯卡皮（法国学者）文学社会学方面的论著，让我对这个问题的处理有理论依据和方法上可操作的框架。我还逐渐意识到作家的精神态度、境界问题和社会制度、文学体制是紧紧关联在一起的,这是我后来将文学体制问题作为文学史的重点考察对象的动机。

离开文学史原有框架和叙述体例

南都:20世纪80年代西学热时,哪些理论对你影响较大?

洪子诚:当时读书很杂。对我后来的研究产生比较大影响的西方论著,一是韦勒克的《文学理论》《批评的诸种概念》,以及零星的"新批评"论文。另外是左派批评家伊格尔顿的《马克思主义与文学批评》和《二十世纪西方文学理论》。还有是不属于"西方"的苏联文论家卡冈的《艺术形态学》,以及一些文学社会学的著作。这种"影响"主要是两个方面,一是对文学"形态"的重视,二是对概念、现象发生演化的历史语境的关注。

南都:《中国当代文学史》(北京大学出版社1999年出版)是什么时候开始写的?

洪子诚:1997年北大当代文学教研室开始筹划《当

代中国文学概观》的修改。大家认为"概观"在教学上已经不大适用了。当时我还是当代文学教研室主任，就跟谢冕商量能不能重新编一本教材。他非常赞成，说北大应该有这个责任。我征求过教研室其他老师的意见，有的老师很忙，像曹文轩、张颐武、韩毓海，就明确表态不参加……有一次碰到钱理群，就把这事儿说给他听。他突然说，你为什么不自己做呢？你自己写一部好了。这倒是我原来没有想到的。这样，我就决定一个人做。

《中国当代文学史》的基本框架和观念可以说是我在教学过程中逐渐形成的。但抽象谈论文学史观念、方法和实际的文学史写作，毕竟很不相同。理论可以头头是道，写的时候却会不断出现各类难题。文学史当然有一个"经典化"问题，即作家作品的筛选，当代文学也不例外。但我考虑有这样两个因素，一个是"十七年""文革"时期的总体文学成就并不高，"十七年"没有非常重要的作家；另一个是毕竟写的事情离我们还很近，所以基本还是处理成以问题带作家作品的方式。在文学"经典"的问题上,我在处理上的变化,主要是关注点的一些转移,也就是从过去评判哪些作品能成为"经典"(有价值的作品),转移到去解释这些作品当时为何能被确立为"经典"。

南都:你是从什么时候开始有意识地挣脱主流的关于当代文学史的"叙述体例"?

洪子诚:应该说"十七年"以至八九十年代出版的不少当代文学史,虽然对问题、对作家作品评价可能不同,甚至相反,但在叙述体例上,其实遵循的还是50年代周扬、邵荃麟评述当代文学时确立的框架。这个框架不能说完全无效,但也是当时特定政治、文学语境中产生的。因此,我在80年代讲课时,就有意地想离开这个框架和叙述体例。但不是简单构造一种完全不同的东西,而是首先将力量放在解释这个框架的依据上。换句话说,就是把周扬他们确立的叙述方式和概念,当作需要辨析的问题提出。

80年代以来,我越发对"历史进步"的历史观产生怀疑,越来越不相信"时间神话",那种"新时期""新纪元"的意识越来越淡薄。在《1956：百花时代》这本书的前言中，我说："现在的评述者已拥有了'时间上'的优势，但我们不见得就一定有情感上的、品格上的、精神高度上的优势。历史过程、包括人的心灵状况，并不一定呈现为发展、进步的形态。"所以说，我"对自己究竟是否有能力、而且是否有资格对同时代人和前辈人作出评判，越来越失去信心"。这些话写在90年代末，但90年代初就开始意识到了。因此，不是那样把新时期文学、作家理想化，更多看到的是问题的方面，有些悲观。在研究、叙述方法、态度上，有意识尽量减弱"批评"的因素，抑制评价的冲动。所以我开玩笑说，"当代文学"既不是你的，也不是我的，就是"当代文学"罢了。这话听起来拗口，却说明了研究的立场、视角的问题。这里有个经常讲到的"价值判断"的问题。对各种文学现象、作家作品，你的评价自然会制约，甚至决定你的文学史写作。

南都：2002年你从北大退休，这十多年来你的治学大概是怎样的？

洪子诚：还是有许多事情在做。在北大新诗研究所，我担任刊物《新诗评论》和"新诗研究丛书"主编的工作。在谢冕先生主持下，参与编选《中国新诗总系》。进行《中国当代文学史》的修订，以及这本书英文版、日文版翻译过程的协调、讨论。出版《我的阅读史》和《学习对诗说话》两本书。基本上还是延续以前的那些工作计划。

南都：你目前手头或者未来有何计划？

洪子诚：2009年上半年在台湾彰化师大国文系和台文所，给研究生上了一个学期的课。这次是在台湾"交通大学"社会文化研究所，给台湾"交通大学"和台湾"清华大学"中文系研究生讲当代文学史。邀请我到台湾上课，可能是觉得台湾对大陆当代文学的研究还不太够。从我这方面，很大原因是我妻子喜欢在台湾"过日子"。所以陈平原老师开玩笑说："因为幺（书仪）老师喜欢台湾，洪老师只好去当'外劳'。"如果精力允许，以后会写一点随笔性文字，整理在台湾上课的讲稿，和年轻朋友编一本百年新诗选。

同题问答

对你影响最大的书有哪几本？

《聊斋志异》、《野草》（鲁迅）、《契诃夫小说选》、《日瓦戈医生》、《俄罗斯思想》（别尔嘉耶夫）。

你认为，要做好学问，最重要的是什么？

除少数天才外，总是要重视前人的成果，接着他们说的话说。

你个人最满意的著作是哪一本？

确实没有。《我的阅读史》里少数几篇好一些。

学术研究工作要经常到深夜吗？工作习惯是怎样的？

从不开夜车。总是遵从"早睡早起身体好"的古训。

学术研究之外，有什么爱好？

听一点西方古典音乐，做家务，从电视上看球赛。

（2013年6月20日）

白谦慎：中国艺术史的研究需要继承传统的治学方法

李昶伟

白谦慎，1955 年生于天津，美国波士顿大学艺术史系教授，主要从事中国书法研究。1978 年考入北京大学国际政治系，毕业后留校任教。1986 年赴美国罗格斯大学攻读比较政治博士学位，后转学至耶鲁大学攻读艺术史，师从班宗华教授。著有《傅山的世界：十七世纪中国书法的嬗变》《与古为徒和娟娟发屋：

关于书法经典问题的思考》《吴大澂和他的拓工》等。

6月，美国高校暑假期间，波士顿大学艺术史家白谦慎回国了一趟。在一场"为什么晚清官员会写那么多书法？"的演讲中，我们得窥白谦慎这几年研究中的一个小片段。专攻书法史的白谦慎正专注于他的下一本著作，以晚清高级官员、金石学家吴大澂为中心。吴大澂是白谦慎继傅山之后的又一个个案研究。一如既往，他的个案研究纵横捭阖，试图穷尽那个时代几乎所有和他的主人公有关的秘密。这一次，从晚明到晚清，这部著作涉及吴大澂、曾国藩、李鸿章、翁同龢等一大批中国传统政治精英的业余生活。

"他们在书法上花的精力不可思议，比我多太多了。"在研究吴大澂的过程中，白谦慎发现中国最后几代文人士大夫的业余生活让人惊讶。

从1973年算起，白谦慎的临池生涯已经有四十年，尽管以书法史研究知名，但很少有人知道白谦慎最初是正儿八经北大国政系毕业，毕业后留校任教在国政系。

而无论是傅山还是吴大澂，书法的研究也始终和政治的维度相关。"虽然在美国生活了很多年了,但是我实际上一直关心着中国现代以来的命运。"这也是白谦慎所做课题背后隐藏的线索。

革命的年代接触了"旧文化"

南都：之前看到陈丹燕写过一篇文章《我的童年朋友》，里面对你小时候学习书法的经历也有一段回忆，那时候学书法在身边人看起来会比较神秘吗？

白谦慎：陈丹燕是我的邻居。我俩的父亲生前同在一个远洋运输公司工作。一般说来，在那种单位里工作的人不太会有书法这样的爱好。我也是在一个偶然的机会遇到了我的启蒙老师萧铁先生，那是我在上海读中专时经语文老师介绍认识的。我第二位书法老师是孙中山的外孙王弘之先生，并不是去专门拜师的，因为他是我的第二任语文老师。那还是在"文化大革命"期间，在学习传统文化不受鼓励的环境里面，我却开始了书法学习。所以，陈丹燕他们可能会觉得有点奇怪，原来挺好动的一个男孩,怎么会突然就待在家里练起毛笔字了。

南都：突然间就不一样了。

白谦慎：当时差不多是"文化大革命"的后期了。在"文革"中,书法被认为是一种旧文化。不过到了"文革"后期,书法活动已经开始慢慢恢复了。当时在上海比较活跃的是一些工人书法家,实际上上海还潜藏着很多清朝和民国人物的后人,他们对传统的精英文化有着更为深切的理解。

我在上海一共有五位老师,其中四位跟民国的世家有关。在一个革命的年代,我恰恰有机会接触了"旧文化"。我对历史感兴趣,喜欢听我的老师们谈过去的事。后来到了美国,我和居住在东海岸的一些前辈也颇有往来。现在有民国热,不少人喜欢拜访前辈们,甚至有些人喜欢像追星族一样追捧一些文化老人,但是实际上他们对老人们所喜爱的艺术并不熟悉,所以,不少采访涉及书画时,会有一些常识错误。我因为十几岁时就对书画篆刻有爱好,所以和老先生们比较有缘分。那个时候老先生们大多是比较寂寞的，也不像现在这么受尊重。他们那时也没那么老，我认识我的老师的时候，其中有两位七十岁左右，其他三位五十几岁，还没有我现在的年龄大呢。但他们出生在民国时期的大家庭，和旧文化有直接的关系，从小就看那个长大的，所以很熟悉那种文化。早年的经历对我后来的艺术史研究是很有帮助的，因为在我转学艺术史之前，我已经能够流畅地阅读草书、篆书、印章了。

南都：你那时候也不大，对这些旧学怎么能天然地产生这种亲近感？

白谦慎：能有亲近感可能跟书法的魅力有关。我不像有些人有家学，或者是受过古文献的训练，我是喜爱上了书法以后，才对古代文化产生了兴趣，在那之前并没有专门地学过。我是1973年开始学书法的，当时氛围相对宽松了，各方面的情况也就好了很多。70年代还有个"批林批孔""尊法反儒"，也可以接触一点古书。再加上毛泽东主席喜欢李白的诗，还是有一些接触的机会。但是条件远不及现在这么好。

南都：恢复高考之后为什么报的是北大国际政治系？

白谦慎：恢复高考时，我在上海的银行工作。当时有上海户口的人，不愿意考外地的学校。但是有关部门规定，考生在填志愿时，要填几所外地大学。于是，我就填了北大和人大。报考北大时的专业意向，我选的是经济系和图书馆系。公布考分时，发现总分还不错，但能上哪所大学并不知道。有一天我在银行上班，忽然接到北大上海招生组的电话，告诉我经济系和图书馆系在上海的名额已满，但国际政治系还有一个名额，问我愿意不愿意去。我表示愿意，就这样进了北大国际政治系。

南都：你曾经在一些文章中回忆了在北大的书法活动，谈到了曹宝麟、华人德这些朋友。那段经历对你意味着什么？

白谦慎：进入北大以后，我非常幸运地遇到了这两个朋友，他们对我的影响是很大的。1966年"文化大革命"开始时，我才上小学四年级，该读书的时候并没有很好地读书。直到后来学书法了,才把心收住,慢慢接触了一点传统文化的东西。

我的这两个朋友不一样。华人德是六六届高中生,"文革"开始那年,他正好高中毕业,如果没有"文革",他就要报考大学了。而且他是无锡一中的,江苏省重点高中,他是真正的高才生。曹宝麟"文革"前是华东化工学院的大学生,虽然学的是工科,但是他酷爱文科和艺术。他真正的兴趣就是文科,文章诗词作得非常好。曹宝麟和华人德在"文革"前就已经打下了很好的基础,"文革"当中又能坚持学习,所以在传统文化这方面,他们的功力比我深很多。华人德是图书馆系七八级的本科生,曹宝麟是中文系七八级的古汉语研究生。

由于共同的爱好,在北大时,我跟他们交往很密切。曹宝麟比我大九岁,华人德比我大八岁,我是个小老弟。和他们在一起,我长了不少知识。现在他们都是博士生导师,不但字写得好,文章也作得好,是书法史领域甚至可以说整个艺术史领域的佼佼者。

南都：所以你们那时候跟书法相关的业余生活还是非常丰富的。

白谦慎：是的，很丰富。那个时候传统文化的因素在日常生活当中还是比较多的，很多前辈学者都擅长书法，曹宝麟的导师王力先生的稿子还是用毛笔写的。

由张充和推荐到耶鲁转学艺术史

南都：去美国读书之后，这部分生活有中断吗？

白谦慎：刚到美国，学业上的压力很大，中断了一段时间，但是我和章汝奭老师、曹宝麟、华人德等人还一直保持着通信联系。后来华人德发起了沧浪书社，我也参加了，那是一个很有影响的书法社团。我在业余时间还在美国的东部拜访书法家，认识了张充和女士等前辈。

南都：在读政治学博士的时候，有过将书法作为正式专业的考虑吗？

白谦慎：没有。我当时计划取得政治学博士学位以后回北大教书，我和北大国政系一直保持着密切的联系，我本科毕业以后留校就是教政治学的。

南都：但是从政治学转行到艺术史，这在当时应该还是一个特别大的决定吧？

白谦慎：当然是很大的决定。80年代末前途不明，想改行。当时已经知道有艺术史这个学科了，但是觉得不太可能，自己之前也没什么相关的学术背景，怎么可能申请艺术史呢？张充和女士得知我想转行，对我说："你如果愿意到耶鲁大学来学艺术史，我郑重推荐。"这正合我意，也就没有犹豫。我一生真的遇到不少贵人。

南都：这些贵人当中，从治学这条路来讲印象比较深的是哪些人？

白谦慎：进入艺术史领域以后，对我影响比较大的也有好几个。耶鲁大学有很好的学术环境，我在那个环境里面逐渐熟悉了西方艺术史学科和博物馆体制。我的导师班宗华教授是美国人，西方艺术史对作品特别关注，班老师对博物馆的收藏、展览非常重视，对艺术品的风格予以极大的关注。王方宇先生也是一个，他既是学者，又是收藏家。和王方宇先生交往的主要收获就是在研究中对细节的注意。王先生的八大山人研究细致得不得了，比如说，八大山人的某一个印章什么时候开始使用？在哪张作品上用过？用了几年？研究得非常细。文献方面我受到汪世清先生的影响特别大。他搜集资料是竭泽而渔式的，而不是随便找出几条材料就加以发挥。受他的影响，我在研究傅山的时候，也尽最大努力去查找资料，包括实地调查。山西学者整理的《傅山全书》，我读过无数遍。

南都：你在回忆汪世清先生的文章中，也讲到汪先生多年来一直在图书馆里读书。

白谦慎：他五十多年如一日。汪先生对明末清初艺术史文献的熟悉程度达到了惊人的地步。明末清初的文集非常多，我们通常读书，还带有查资料的性质。汪先生去读书，并不是说今天一定要找到哪一本书，要从里面查到什么资料。他是锁定明末清初这一块，差不多是万历初年到康熙末年这一百多年，网撒得很大，他脑子里的人物多，问题也多。他在图书馆的古籍部抄出所需的材料以后，回家再用毛笔誊在毛边纸上，分类装订，这些资料集等于是他自己集录的善本。目前，我们正在整理他收集的资料，争取明年能够整理完毕，有一百万字左右，这只是他收集的资料中的一部分。由于对这些资料谙熟于胸，汪先生解决了不少前人没有解决的问题。

南都：譬如有些什么问题？

白谦慎：打个比方，如果有一通八大山人的信札，里面提到一些人名，汪先生就能考证出这些人是谁。这样子的例子很多。再如，南昌有个青云谱，过去都讲是八大山人隐居的地方，青云谱的道士朱道朗就是八大山人，政府还专门拨款把青云谱改成了八大山人纪念馆。但是汪先生早在20世纪80年代就撰写文章指出，八大山人不是朱道朗，澄清了问题。汪先生更重要的贡献在于，他彻底地改变了艺术史研究使用文献的标准。今天，一些艺术史学者对文献的掌握，比起历史学家和文学史家毫不逊色。我们用的文献种类甚至超过了历史学家和文学史家。为什么？他们看的正史、野史、笔记、图谱、档案、金石等，所有这些类别的文字文献我们都看。还有大量的行草书信札、书画题跋，这是许多史学家不熟悉也用不了的。我们还用印谱、图录、书画著录、图像等。

中国学者要发展出自己的艺术史理论，以此来和西方对话

南都：严格说起来艺术史是西方学术系统内的一个学科，汪先生的方式却是比较偏中国传统的治学方式。

白谦慎：一点儿不错。汪世清先生的工作主要是生平、作品、交游考，继承的是乾嘉学风，还是在传统的考证学范围。他基本上不做风格分析，而西方艺术史恰恰更多的是通过风格来建立艺术史的，所以这两个传统是互补的。如果你看最近翻译出版的美国学者高居翰的《画家生涯》（即《画家生涯：传统中国画家的生活与工作》，下同），他提出的许多问题如果要深入研究下去的话，对高先生本人来说是有一定困难的，因为这需要掌握大量的文献。高居翰也说，《画家生涯》这类研究，除了题跋和著录的文献，还要看大量的日记和信札，而要看这些文献，需要有一定能力。现在还有大量没有整理过的稿本文献，但是你若要使用它们，就得有直接看的能力。

南都：我记得方闻先生有一个观点是，中国艺术史的研究要有一个中国式的方式。中国传统书画有一套相对完整独特的体系，在西方的研究语境当中会遭遇到什么样的矛盾呢？

白谦慎：方闻先生是从一个比较高的哲学角度来看这个问题。西方绘画一直存在着一个对外部世界的模仿的问题。受中国哲学及书法的影响，中国绘画并不以模仿外在的世界为目的，中国绘画（特别是文人画）有自己一套独立的艺术语言，我们称之为"笔墨"。方先生认为这是中国很独特的现象，也是对世界艺术的重要贡献。方先生一直在努力建立一个和过去传统不一样的、宏大的艺术史框架。这可能还需要通过不断深入的研究来丰富。但是，方先生的基本判断和把握，我个人认为是对的。这确实关系到怎样来看待我们中国思想、中国文化整体上的一些特点，并不是要排斥西方的方法，而是在借鉴它的同时，通过比较，来发现一些不同的地方。

现在很大的一个问题就是，我们使用的一些概念，它们本身就已经是西方的概念了。这些概念，研究中国艺术不借助它们行吗？我们能完全回到中国古代的那套品评语言里做学问吗？通过比较，可以发现不同，但怎样把它们描述出来，怎样提出一个完整的理论体系，这确实是很大的挑战。

中国学者能不能发展出自己的艺术史理论，并以此来和西方对话呢？至少我希望能够如此。最近我在吴大澂的研究中指出了一个现象，中国古代官员平常书写大量的书法，但是基本上是不卖的，主要是当作礼品送人的。若要按照西方人类学的礼品经济视角来观察这一现象，它颇有特殊性。在中国的语境中，书法常常是索求的，不是主动的赠予。主动赠予固然也有，但更经常的是索求，慕名求字。这对"礼品"研究，或许能有所启发。

南都：所以你觉得，跟西方艺术史研究相比，中国传统的治学方法是需要继承的。

白谦慎：太需要了。现在学术界常常强调方法的重要性，这容易造成一种错觉，有了新理论就能够解决问题。不错，新的视角会带来对材料的重新审视和重新组织。但是如果你没有做第一步，即熟悉基本材料，便贸然地把理论使用上去，结论常常是靠不住的。让我感到吃惊的是，现在有些人对学术中的硬伤并不在乎。

研究中要将艺术史和社会史有机结合并不容易

南都：最早读《傅山的世界》，对资料方面的印象特别深刻，当时就觉得材料非常海量。后来才知道你的每个研究后面资料收集工作都很惊人。包括像目前在做的吴大澂研究，收集资料就花费了特别多的精力，能不能谈谈，你收集资料是怎么展开的？

白谦慎：和吴大澂相关的资料收集，相对来讲时间拖得更长，因为量比研究傅山的资料要多很多。不但吴大澂本人，他的师长和友人，留下的文字资料也特别多。

潘祖荫、李鸿章是他的老师，张之洞、王懿荣等是他的友人。除了他们的著作，还有大量的信札、日记以及奏折之类的官方文件。收集资料的过程也会遇到一些困难。

南都：你说的困难，是指在收集资料方面还是会碰到障碍吗？

白谦慎：是的，有时会遇到一些障碍。但是这些年来好很多了。国家图书馆所藏吴大澂及其友人的信札，基本上都已经扫描或者制成胶卷了。吴大澂写的日记，上海图书馆也都扫描了，都能看到。但是量很大，你要抄也得抄很长时间。

南都：无论是傅山还是吴大澂，你都在建构一个他们生活其中相对完整的世界，作为当代的一位知识分子，研究晚清高官精英阶层这样一个群体，会有什么样的个人体会？

白谦慎：研究吴大澂和我的政治学背景多少有关，这个课题的背后有一个大的关怀，即中国精英文化在鸦片战争以后的变迁。我想通过吴大澂来观察晚清文人士大夫业余文化生活的方方面面。海豚出版社最近出版了一本我的小书《吴大澂和他的拓工》。读了以后，你就会发现，那时候吴大澂他们为什么会那么痴迷拓片，对拓片的品质那么讲究挑剔，那么急切地想找到好的拓工。这些情况如果不揭示出来，你就不会对他们的业余文化生活有比较感性的认识。我最近还完成了一篇论文，是讲晚清官员们日常生活中的书法活动的。如果不去阅读大量的日记和信札，我们很难想象，晚清的官员会在写字上花那么多的时间。有了这个历史参照，你再环顾一下左右，今天的政治精英都在干什么呢？我最终关心的还是当代的问题。社会精英的结构在 20 世纪发生了巨大变化，精英的选拔方式和治理国家的方式也发生变化，官员们的业余生活也发生了变化，有了历史的参照，我们就能比较清楚地知道，变化是怎样一步步地发生的。

南都：无论是傅山也好，吴大澂也罢，可能很大程度上切入的视角是社会史的。从社会史的角度来说，它对研究者最大的挑战是什么？

白谦慎：对我而言，挑战之一就是在采用社会史视角的同时，不忘自己的本行——艺术史。要将两者有机地、贴切地结合在一起，并不容易。我已经写了不少单篇的论文，但如何才能把这些单篇论文汇聚成一个完整的叙述，我还在思考。历史研究应该有大的关怀，但它并不是抽象的理论表述。我本人还是很愿意把历史看作是一种叙述，读者能从中了解很多的细节，增加对那个时代的文化环境和人们生活状况的具体知识。你知道他们怎样生活，怎样做官，怎样收藏古董，怎样讨价还价，为什么这样做。我的书会有比较丰富的细节，但这些细节又同时和更大的关怀和叙述相关。

南都：在西方研究书法，会不会有一种比较寂寞的感觉？

白谦慎：当然会有。研究书法的就那么三五个人，能够交流切磋的机会也很少。不过，我目前的吴大澂研究已经不仅仅是书法史的研究了。除了大量的书法，吴大澂还留下了数量可观的画、一定数量的印章，还有他收藏过的古董和拓片，这些视觉的资料我已经收集了很多。所以艺术史的部分将依然是我的著作的重要构成。但是我觉得这本书会有很多地方不完全是艺术史的。今后出版了，我希望关心艺术史的人会看，研究历史、社会史、文化史的人们也有兴趣去读。

同题问答

对你影响最大的书有哪几本？

这个讲不清楚。我以前写过一篇短文，题为《开卷有益》，发表在《南方周末》刘小磊先生主编的《我书架上的神明》栏目上，就是回答这个问题的。

你认为要做好学问最重要的是什么？

喜欢和耐心，尽量地关心别人的研究成果。

到目前为止，你个人最满意的著作是哪一本？

我至今一共才写了两本书：《傅山的世界》《与古为徒和娟娟发屋》。《吴大澂和他的拓工》那本小册子只是一本大书中的一个部分。你看，光是这个吴大澂，花了这么长时间还没有写出来。写出来以后是不是满意，还不知道，会尽力而为。

你的工作习惯是什么样的？

我出国二十多年了，至今没有改变午休的习惯。我上午起得很早，晚上睡得很少，大概五个半小时，下午午休一小时到一个半小时。星期一、三、五上午用来教书，午休以后就读书、写作。练字没有专门的时间，有空了就练一下，是间歇性的。通常是读书写作累了，就写一会儿，会练十到十五分钟。一天能够练两三次，加起来差不多有半小时到一小时。有的时候写一点所谓的小作品。星期二、四上午、下午、晚上都读书写作。我晚上工作到十二点以后，一般十二点到一点钟之间上床睡觉。平常的娱乐活动主要是在网上看电影，或是看乒乓球比赛的视频。此外，我会到国内的几个比较活跃的书法网站，了解书坛的动态和网友们讨论的问题，看看网上的展览，我对当下的书法创作情况一直很关心。总之，我的生活相当简单。

（2013年7月4日）

周振鹤：学问的关键是"求真"，不管有无用处

颜 亮

周振鹤，1941年生于厦门，1959—1963年就读于厦门大学、福州大学矿冶系，1978年考入复旦大学读研究生，师从谭其骧教授，1983年获历史学博士学位，为我国首批两名文科博士之一。现任复旦大学中国历史地理研究中心教授、博士生导师，代表作有《方言与中国文化》《西汉政区地理》《体国经野之道》等。

6月底，周振鹤刚刚送走一批博士生，这让他着实松了口气。为了指导这批学生的毕业论文，他有大半年没有做自己的研究了。随着年龄不断增长，加上自己的兴趣面不断扩大，周振鹤愈发有了"只争朝夕"的感觉。

周振鹤现在的研究兴趣集中在中西交通史和明清入华传教士上。这似乎很不符合他复旦大学中国历史地理研究中心教授、谭其骧弟子的身份，毕竟这些题目同"历史地理"实在是相差太远了。

"我做研究就是这样，你很难让我吊死在一棵树上，我会在不同树上吊来吊去。"仔细检索周振鹤的研究范围，除历史地理外，还囊括了语言学、中外语言接触史、近代新闻史和中西交通史。

但凡只要周振鹤介入的领域，他总能单枪匹马闯出一条新路。"我的原则就是，每个领域做出点东西可以交待，那我就可以结束了。一个人几十年搞一个东西有什么意思？总还是要让自己更精彩点吧。"

三十七岁开始学术生涯，师从谭其骧先生

南都：你在"文革"前便从福州大学矿冶系毕业，1977年考复旦大学时，为什么会选择读文科的研究生？

周振鹤：文科的东西可以说是我的"余事"，不是我的正事。我原来年轻读工科的时候爱好就是文史，喜欢看书和买书。

1958年考大学时，我的数理化成绩非常好，自然选择了考理工科。这是当时的风气，数理化好的学生肯定会去读第一类的理工科。至于为什么是矿冶系，当时并不是自己的选择。1957年"反右"之后，学生能读什么专业，并不是根据考试成绩，而是看你的政治情况如何（这些都是二三十年之后我才知道的）。因为我父亲是小资本家，又是右派，所以最后录取我的是矿冶系。说是采矿，其实就是挖煤，是当时最苦的工作。

南都：为什么会先在厦门大学读，后来才进入福州

大学呢？

周振鹤：我中学读的是厦门市第一中学，在福建是非常好的学校。按理说，当时我们多数人应该是要去全国重点大学的。但在1958年，福建省要办工业大学，因此，我们这一年的学生基本上都出不去了。当时虽然学生招来了，但学校实际还没办，所以福建省只好把我们先放在厦门大学。

在厦门大学一年半后，福建省办了福州大学，我们工科生就全部转去了福州大学。从福州大学毕业之后，我就被分配到湖南当助理工程师，一干就是十五年。如果我1978年没有再参加高考，我现在可能就是退休了的高级工程师。现在回头看，相当于是耽误了十五年。不过大学念理工科不能算是耽误时间，学文科之前念理工科还是很有好处的，我后来培养出的最好的博士大都是理工科出身的。

南都：在湖南的十五年对你的学术没有太大帮助吗？

周振鹤：没有太大帮助，当然我还是会看书，看任继愈的《中国哲学史》之类的书，但大多是盲目地看，没什么计划。1977年恢复高考时，最初招生条件是1942年10月1日以后出生的，我是1941年的，所以也没抱什么希望。结果没想到，后来教育部又宣布，年龄放宽到四十岁以下都可以报考研究生，我那时三十七岁，有些动心，跟我太太商量，得到她的支持后才下定决心去报考。

南都：三十七岁再去读书，当时压力应该很大吧？

周振鹤：会有，现在三十七岁的都是教授了。不过因为"文革"的原因，当时很多教授年纪都很大了，所以也不会特别有压力。

当时历史地理专业一共考五门，包括中国通史、中国地理、古汉语、政治和英语。前三门都是我比较熟悉的，而政治和英语又是大家都要考的，所以我就选了这个专业。最后考试成绩出来，就我跟葛剑雄两个人考得最好，最后我们俩被同时录取了。

南都：具体的考试内容是怎样的？

周振鹤：初试是直接将考卷寄到岳阳市，复试是在上海考的。复试的题目有些出乎我的意料，比如要求根据《水经注》的一段内容画出河流的分布图，我当时根本不知道《水经注》是什么，但最终还是根据文字把河流的分布图画出来了。当时有些人虽然知道，甚至读过《水经注》，但因为古文底子不过关，最后都没能把这幅图画出来。我是少数几个答好这道题的人。

南都：你当时就见到谭其骧先生了？

周振鹤：到面试时才见到。当时他中风在医院，我们是在他病床前面试的。他对我的面试成绩相当满意，因为我指出了王伯祥《史记选》里的一个注有问题，他把"右泰华，左河济"中的"泰华"解释为"泰山和华山"，但这两座山实际上是在东西两边的，我说我觉得"泰华"就是指"大华山"的意思，因为边上还有少华山。我还引了《山海经》的话作佐证。谭先生当时觉得很奇怪，一个工科生怎么能把王伯祥的注释都推翻？不过他也很满意，所以我的面试成绩应该是最好的。

南都：当时你们年纪都那么大了，谭先生是怎么给你们上课的？

周振鹤：谭先生自己会给我们上课，会教一些诸如

《水经注》、正史地理志之类的基础课程，但和现在这种正式开课还不一样，主要还得自己学，之后再向老师请教。谭先生有个特点就是他把我们当有基础的人教，跟我们谈话就等于跟同事聊天一样，我们基本上就是这样学出来的。

南都：谭先生对你日后的学术生涯有哪些具体的影响？

周振鹤：应该说，谭先生对我最大的影响，还是一种做学问的精神：别人做不出的东西我要做，要不畏难、不计利害，只论是非，事情对不对是最要紧的，只管它是真是假、是虚是实，有没有用是次要的。

我现在有很多学生做的东西也是这样。很多人问他们，你做这个有什么用？我就说，学问的东西不管有没有用。很多人以为我们在做无用的学问，帮我们说话，说无用有大用。我不完全赞同这个观点，学问是不管有没有用的，不是说因为"无用有大用"，我们才去做，学问的关键就是我们要去解决它，要去弄清楚其中的是非，这才是最重要的。

与葛剑雄一起成为全国首批文科博士

南都：你做了那么多年理工科的工作，会不会一时难以在这种虚实中转换？

周振鹤：因为我一直对文科感兴趣，始终在看历史、文学的书。早期工科是我的正事，渐渐倒变成了我的"余事"，变得不再重要了。我在湖南时，对语言也很感兴趣，当时还做了不少语言学的笔记，后来我太太在清理杂物时，不小心殃及了这些笔记，不然我很可能就报考语言学了。

巧合的是，去参加考试时，我刚好跟考语言学的游汝杰是上下床，大家谈起来对语言文化都很感兴趣。后来我到复旦以后，我们就合作写了一些关于语言文化的文章，之后便有了《方言与中国文化》这本书，1986年出版，比我的博士论文《西汉政区地理》出版得还要早点。

南都：从《方言与中国文化》的内容来看，还是可以看出受到学习历史地理的影响非常大。

周振鹤：应该说，没有历史地理的基础，这本书恐怕出不来。正是有了历史地理思维，加上之前的语言学知识，才能与游汝杰合作，最终把这本书写出来。碰巧我会三种方言，我母亲讲厦门话，我父亲是无锡人，讲的是吴语，我其实从小就是"双语环境"。我太太是长沙人，影响所及，母语、父语与妻语我都讲得来，所以注意到了湘语跟吴语的关系，又推测出闽语可能就是古代吴语的体现，然后才能写出方言跟文化的关系及同移民的关系。

如果没有历史地理的知识，这个结论也很难推导出来，因为闽语就是闽语，吴语就是吴语，看不出有什么关联。但从历史地理角度看，比较容易理解，因为现在闽语地区的人原先就是从古代吴语地区搬来的，只是他们待在一个相对封闭的地理环境里，他们所持方言变迁很少，所以保留了古代吴语的特点。

这个结论后来被台湾"中央研究院"历史语言研究所所长丁邦新证实了，他看了我们的书以后，就从语言学角度推断出我们的结论是正确的。

南都：《西汉政区地理》是你的第一本历史地理的专著，这本书也是你的博士论文，当初为什么会选择做这个题目？

周振鹤：这是一步步思考来的。一开始我并不明确要做什么题目，正好有一个小侯国的地理位置引起我的兴趣，就试试看能不能做出来，发现可以之后，才选了一个王国来做。比如说长沙国，1972年发现马王堆汉墓，轰动一时，当时我就在想能不能推测出长沙国在汉初究竟有多大。

此前，一位老一辈历史地理学家说长沙国有九个县那么大，但马王堆墓主下葬是在汉文帝时期，文帝时的长沙国究竟有多大，当时谁也拿不出结论来。于是我就做了这个工作，相当于把汉文帝时的长沙国复原了。做完之后就想再前进一步，汉初一共有十个王国，是不是能把剩下九个都做了，接着就把西汉一代其余九个王国的变迁情况都复原了出来，这就成了我的硕士论文。

南都：你当时硕士论文答辩的情况是怎样的？

周振鹤：硕士论文答辩时，来的老师都是老一辈的学术界权威。他们看了我的论文，都觉得很不错，解决了几百年都没有解决的问题，相当于把西汉诸侯王国封域变迁都写出来了，都觉得可以直接评博士了。

但当时教育部还没正式出台招博士生的政策，虽然已经有了这样的说法。所以我又等了一年多，到1982年才开始正式念博士。我的博士论文还是建立在硕士论文的基础之上，只是把范围又扩大了，把整个西汉政区地理都做了出来，因为之前做的十个王国仅仅是西汉政区的一半，还有另一半政区是由皇帝直接管理的，也需要复原，再加上汉武帝以后疆域政区变迁很复杂，也一直没有人弄清楚过。后一部分大概花了一年多就做完了。1983年，我同葛剑雄同时获得博士学位，成为全国的首批文科博士。

南都：对于你的《西汉政区地理》，当时学界的评价是怎样的？

周振鹤：当时很多人说我是最会利用史料的。但其实不光是这个原因，史料固然很重要，但不充分利用也不行。当时我要解决整个西汉政区地理的问题，只依靠已有的传世与出土文献资料根本是不够的。其中的历史空白点太多了，必须要建立起一个逻辑推理的框架，设想各种可能存在的情况，然后再去逐个排除，留下一个最有可能的推理结果。

《汉书·地理志》只是反映了西汉末年行政区划状况，也就是诸侯王国、郡、县、侯国的分布情况，但是西汉末年之前两百年的详细变迁并没有反映，而我必须要把这两百年的情况写出来，这相当于虚构了一个框架，而且必须去把这个框架填满。我做的这个工作，是将仅由已有史料看不出来的东西做出来，而不是对已有的东西修修补补。如果没有过去理工科生的思维，恐怕不大能做到。

南都：看来历史地理不仅要有梳理材料的能力，还得要有非常强的逻辑推理能力。

周振鹤：其实这是很有趣的东西。一个人的知识面越广，逻辑推理能力越强，念历史地理越好。念历史地理的学生比单念历史系或者地理系的学生都要苦，他们比念地理系的学生多学了历史，比念历史系的学生多学了地理，要有空间概念。不像有些历史系的学生，或者有点儿不够全面，或者只有事件的，或者只有人物的孤立的概念，可能没有人物、事件、时间、空间结合在一起的整体概念。

"政区地理"这个词是我的发明

南都：当时谭先生在这本书的序言中提到：通过你的书证明，历史地理学科还是可以建起来的。当时历史地理学科的状态是怎样的？还有人对它是否该存在有疑问吗？

周振鹤：到现在这个疑问还存在。历史地理算是地理还是历史？现在按教育部的学科分类是属于中国历史学一级学科底下的二级学科，但是按照谭其骧、侯仁之、史念海先生的看法，应该属于地理学科，毕竟它研究的是历史时期的地理，这个问题现在还没有定论，所以理论建设还是有问题的。我最近会出一本书叫《中国历史政治地理十六讲》，就是把具体的政区地理变迁提高到政治地理的高度，不能仅仅认为它是一个地理学科，还要注意政治过程引起的地理上的变迁，要研究这样的东西才行。

从历史学角度来看，之前我做的《西汉政区地理》，属于技术史学，即利用技术手段来解决近乎空白的历史地理变迁问题。至于为什么会引发这种变迁，则必须要扩展到政治地理的范畴来研究。

不过所有的工作还得从具体的政区地理开始，我想要先把整个中国历史上的政区地理问题基本解决了。"政区地理"这个词算是我的发明，现在也成了学术上的专有名词，指的是研究行政区域变迁的地理状况。

南都：你做的这个工作，同谭其骧先生主编的《中国历史地图集》之间有怎样的关系？

周振鹤：谭先生的《中国历史地图集》只有图没有考证文字，所以我们还需要有文字的东西来考证、叙述中国行政区划的历史变迁，这从每个朝代来看就是断代政区地理，所有朝代联系起来就是中国行政区划变迁通史。现在这部《中国行政区划通史》，一共十三卷，从先秦一直到民国，也属于技术史学的东西。

从一个断面、一个年代来讲地理的考证，而后把每个断面用时间的箭头贯穿起来，就是一段完整的历史。《西汉政区地理》是一个断代范例，如果每个朝代都能这样处理，那我们就有希望把完整的中国行政区划变迁复原出来。谭先生的地图集是一个朝代只取一个年限，但如果一个王朝比较长，以一个年限来反映变迁情况显然不够。我们现在的想法是希望能一年一年地表现出来。有的朝代，若是因为历史资料实在不够，就看能否反映五年、十年或者二十年的变迁，总之希望能够尽量详细。我想，如果能把这部通史完成，我这个人其实就可以交待了。（笑）

南都：20世纪90年代，你出版了《体国经野之道》，这本书是不是就是你想做的政治地理的范式？

周振鹤：对，这就是开始做政治地理的时候。之前做的政区地理，采取的都是纵向角度，说的都是哪个郡管辖哪些县等，非常枯燥，很少有人去看。而《体国经野之道》则是从横向的角度来说，虽然只有十二万字，但我前后写了两年。这本书实际有点儿像是政治地理学的导论了。

南都：这样说来，你做的很多东西完全就是筚路蓝缕。

周振鹤：有些算是吧。即便到了今天，历史地理学科仍有很大的发展空间。我现在出书还只能叫"政治地理十六讲"，还不能叫"政治地理概论"，里边还有很多问题没有解决。比如说疆域的问题，为什么疆域会扩张、收缩？疆域究竟是怎么定下来的？疆域的边疆区、缓冲区、核心区又是如何形成的？这些里边都有很多东西可讲，但我不一定有时间去做了，可能由我的学生去做。

不过我现在的兴趣点已经转移了，语言接触、汉学、中外文化交流都是我感兴趣的，在这些领域我也都写了一些文章，所以你不能简单地说我的专业就是历史地理。应该说我的专业就是"旁门左道"。正因如此，我也没什么专业思想，我也不是那种在一棵树上吊死的人，我只会在这棵树上吊一会儿，到那棵树上吊一会儿。我最钟爱的是书，什么书我没有看过就一定要想办法看一下，读未见书如逢甘霖，这样才有意思。

不以专业束缚自己也是种愉快

南都：你也写过一些新闻史的文章，应该也是你研究的很重要一块。怎么会突然转过来研究新闻史了呢？

周振鹤：对，新闻史是很重要（的一部分）。把研究新闻史的朋友得罪了，目的其实是请他们注意究竟该到哪里找史料。要知道，中国近代新闻业是由传教士做出来的，但很多研究新闻史的学者过去甚至都不去看传教士材料，不去看国外的材料，所以近代新闻史这一段一直有提高的余地。

我后来写了几篇新闻史的文章，当时甚至还批评过新闻史的权威，所以有人就来炮轰我。后来邹逸麟先生跟我开玩笑说，要留一口饭给别人吃。以后也就写得少了。其实介入新闻史这种情况也无可厚非，因为发掘史料还是历史系出身的人比较有经验。

南都：你好像特别喜欢做些跨学科的研究。

周振鹤：我喜欢做没人注意到的，或者搞错了的东西，因为不做接缝处的学问，就解决不了问题。正是这种接缝、横断、交叉的学科缺少人做，因为做起来不仅需要两方面学科的基础，而且还必须得思维缜密，逻辑推理能力强，看的东西多，知识面足够广。

现在有些人做研究，如果他做明代的东西，根本不看清代和宋元时代的书；做近代史不看古代的书；研究古代史不看近代的东西。那怎么行？说句得罪人的话，这样的学者很难做到一流。过去傅斯年要一名年轻人做明史，就不准他看清代的东西，我觉得有点儿过分。

南都：你自己没想过要收一收？

周振鹤：我已经到这个年纪了，做到哪里是哪里了，没有收不收的问题。我今年做《中国历史政治地理十六讲》就是把政治地理结束一下，以后有时间再增订一两讲。

《中国历史政治地理十六讲》做完,对我来说就是一个交待。《方言与中国文化》也是一个交待,每个领域做个东西可以交待,我就可以结束了。一个题目老是反复写几十遍有什么意思呢?有那个时间我要看新的东西,总得让自己精彩一点。别人叫不叫我专家,那都无所谓,我要的是取悦自己,我觉得求知是一种愉快,我不但从阅读当中体会到这种愉快,我自己做我觉得有挑战性的研究,不以专业来束缚我自己也是种愉快。

南都:你有没有考虑过写一部通史呢?

周振鹤:绝对不会,写通史有写通史的人,我还是比较喜欢解决具体的问题。有些人善于把别人的东西做归纳、综合的研究,我们专业做这样的归纳也有,但同时要有像吕思勉先生那样的专门的人去做,没有他那样的才华就不要去做。

我现在也尽量不去说些大的道理,还是尽量多做些具体的东西。你得先把是非问题解决了,人家觉得你是有根基的,这样才会相信你的话。我现在教学生就是这个道理。过去章太炎说"学以求真",这一点实在是太重要了。

南都:你怎么看方法论?你是否受到过什么方法论的影响?

周振鹤:没有,我经常说我弟弟,他很看重方法论,总觉得方法论如果不搞通,写出来的东西也不好。我就说他,搞方法论就是舍本逐末,你要做学问该怎么做就怎么做,别人就会给你总结出方法论,你去看方法论的东西,是做不出来的,没有用的。我跟很多人说过,你们每个人做的博士论文,或高或低,你做个砖头出来,别人在这一领域要进行研究一定要提你,绕不过你,那就成功了。砖头大小不一定,但你要做标志性的东西,不要做出来后别人不用看你,也可以解决问题,那就没意思了。

同题问答

对你影响最大的一本书是什么?

钱大昕的《廿二史考异》。

你认为做学问最重要的是什么？

一个"学"，一个"思"，老祖宗早就说过了，跳不出这两个字，要有扎实的基础，也要擅长思考。

个人最满意的著作是哪一本？

《西汉政区地理》。

你现在工作习惯是怎样的？

现在已经比较随意了，写的时间少，读的时间多。

学术之外还有什么爱好？

读书和买书。我喜欢图书馆不藏、藏书家不重、目录家不讲的书。

（2013 年 7 月 11 日）

王笛:从历史的最底层往上看

颜 亮

王笛,1956年生于成都,1978年进入四川大学历史系学习,1999年获得美国约翰斯·霍普金斯大学博士学位。现为美国德克萨斯A&M大学历史系教授,华东师大紫江讲座教授。出版有中文专著:《跨出封闭的世界——长江上游区域社会研究(1644—1911)》(以下简称《跨出封闭的世界》)、《街头文化——成都公共空间、下层民众与地方政治,1870—1930》(以下简称《街头文化》）、《茶馆——成都的公共生活和微观世界，1900—1950》（以下简称《茶馆》）。主编《时间·空间·书写》（《新社会史》第3辑）。

整个夏天，王笛都待在上海。从2009年开始，他被华东师大聘为紫江讲座教授，夏天来上海就成了惯例。在这段时间，他会为研究生开课，同其他学科的紫江讲座教授切磋交流，同时也在国内大范围游学，参加学术研讨。

1991年，在国内小有名气的王笛，前往美国，完成学术思维转换后，追随罗威廉攻读博士，最终在美国德克萨斯A&M大学任教。在这个过程中，王笛始终同国内学界保持着密切联系。身份转换的游刃有余，让王笛自觉成为两国学界的桥梁，在他看来，中美学界之间依旧隔阂重重。

采访王笛前，曾偶然与周振鹤先生聊起。周先生大惊，他没想到王笛这么年轻。有这样的"误会"并不奇怪，王笛在《街头文化》和《茶馆》中呈现出的气象，确实是中青年学者中所罕见的。

考入四川大学历史系

南都：你在考入四川大学之前是怎样的情况？

王笛：我们属于上山下乡那一代。我1974年高中毕业，当时哥哥已经下乡了，在云南建设兵团，按照当时的政策，可以留一个子女在城里。高中毕业后，我最大的愿望就是读大学，当时上大学的唯一途径就是从工厂或者农村推荐过去，进工厂没有希望，如果我不下乡的话，从农村进大学这条路也没有了希望，所以当时我就主动要求下乡。当时我的中学同学都拼命留在城里，都不能理解我为什么这样做，虽然那时候比较年轻，我自认为考虑问题还是比较长远。其实当时我最大的爱好是画画，受母亲影响从小就在画画，也想当个画家，但更想读大学。

于是来到了眉山，但不到一年时间，我父亲那边有个当工人的名额，我就被召回去了。按道理说能够回城是件喜事，但是我回来工作的单位是成都铁路局基建分局的砖瓦厂。我已经记不清自己怎么考虑的,还是选择了回城,但是我记得很清楚的是,当时没有一点儿回城的兴奋感,心情非常沉重,因为那不是我想去的地方,那是重体力劳动,专门给基建造砖瓦,大型的环形轮窑,窑里的火是不会灭的,前面烧完了,后面取出来,再装进去……三十几度的天气,也要进那个高温的窑洞。出来的时候全身的汗和灰已经混在一起,像一个黑人,只看见眼睛在转,这样干了将近一年。业余时间我就练习画画,由于这个特长,我进入了基建分局的工会,当时这叫"以工代干",工人去做干部的事情,去做画宣传画、刷大标语这些事,进入工会以后就开始坐办公室。

南都:也就是说你当时是以工人的身份参加的高考?

王笛:1977年恢复高考的时候我非常想去,而且也做了准备,但因为当时我刚从砖瓦厂调到铁路局,父母劝我不要放弃铁路局这个"铁饭碗",待遇很好,有免费的通勤票,可以随便坐火车。我记得当时工会有时候发水果、猪的内脏等紧缺商品。那时怕读了书以后找不到这么好的工作，于是就放弃了。

高考那天我去上海出差，看到别人兴致勃勃地进入考场。这是改革开放以后第一届高考。我一见到这个场景就后悔了，有种被时代抛弃的感觉。我就决定第二年一定要参加高考，我怕告诉父母以后他们要劝我，我也会改变主意，就没有跟父母说，自己复习，考完以后才告诉他们。

我想报考中文系，觉得自己的水平考不了美术学院，当时想着读中文系的话，以后还可以搞美术评论之类的东西，结果考下来我的历史几乎是满分，那时候是先拿了成绩以后再报考学校，既然历史考得最好还是报历史系最保险，所以就报了四川大学历史系作为第一志愿，结果就被录取了。

南都：你在四川大学期间，是如何慢慢开始对学术有感觉的？

王笛：进大学前我就非常喜欢读历史，尤其是世界史。到大三，隗瀛涛先生给我们上中国近代史，他口才很好，上课有激情、有思想、有趣味，让我一下喜欢上了中国近代史，之后又请隗老师做我本科毕业论文的指导老师，又读了他的研究生，慢慢进入历史研究的门槛。

四川大学历史系以基础扎实为特点，从老一辈的学者像徐中舒、缪钺，到隗老师，一直延续到现在。记得一位教古文选读的老师在课上说，历史研究，资料收齐就完成了百分之七十。我现在并不认同这个观点，当时，资料还没有数字化，查资料相当费工夫，现在一天能做完的事，当时可能一年都做不了，所以那时强调搜集史料的困难及在历史研究中的重要作用，完全有必要。

强调资料对我的影响很大，让我知道历史研究的每一句话都要有根据，不能凭空想象，任何推论和分析都必须建立在扎实的资料基础上。历史需要推论和分析，但是这些都必须有资料的支撑，你不是哲学家也不是写小说，这是我对学生特别强调的一点，我在美国也是这样强调的，这也是四川大学给我影响比较大的一点。

跨出封闭的国门

南都：《跨出封闭的世界》是你的第一本著作。

王笛：我最初的学术兴趣在辛亥革命，硕士论文就是研究辛亥革命前十年中国经济的变化，比较宏观，研究的是全国的问题。但在这个过程中，我开始注意到地方的问题，思考改良和革命到底在地方层次上是怎样进行的。

从最初考察全国经济情况，到后来研究地方社会，实事求是地说，我是受到台湾"中央研究院"的"中国现代化研究系列"的影响。（这套书）按省区进行区域现代化的研究，包括山东、湖北、云贵等，但并没有一本关于四川的著作，于是我开始着手解决这个问题。这就写出了《跨出封闭的世界》。

写这本书，我看了不少社会学、统计学、政治学等学科的书，这些知识带领我找到了研究的突破口。可以说，《跨出封闭的世界》代表了我当时全部的智慧和能力,是我当时学术研究的最高水平。写完以后真有点儿江郎才尽的感觉。

这种困惑和我之后留学美国有很大关系。当时对我而言,留学美国是个很艰难的决定。在四川大学,我是一帆风顺,1985年留校,从讲师到副教授才花了两个月时间,1987年被破格提拔为副教授,在国内也小有名气。抛弃在国内打拼的成果,到美国一切从零开始,要做出相当大的牺牲。现在看来,我当时的选择是正确的。

南都:20世纪80年代出国热的时候,出去研究历史的好像并不多,毕竟研究中国历史还是在中国条件最好,离开了反而不好研究。

王笛:很多人这样说,读中国史为什么要到国外去学。记得在四川大学时,我们老师就说过,外国人研究中国史永远都不可能比中国人研究得更好。但我从20世纪80年代就开始读国外对中国的研究,不乏英文原著,开始感到事实并非如此。西方学者不仅是使用的理论和方法对我启发很大,对专题研究的深入也令人赞叹。到现在为止,从总体上看,西方对中国近现代史研究的成果，在深度和广度上还是优于中国人自己的研究。我想现在不少国内学者也赞同我的这个看法。中国人研究自己的历史，除了政治和意识形态等因素的干扰，还由于我们距自己的历史太近，经常一叶障目，不见泰山。像现在我们看到的对过去成都老茶馆的描述，相当多的都是外地人或者外国人所记录的，当地人自己留下的这类东西反而有限。

为什么《街头文化》影响这么大？可能就是因为从人们司空见惯的日常生活中，发现了引起人们深层思考的内涵。这本书出版以后，很多人都说，这些现象都是我们经常看到和经历的，但是读了这本书以后才知道，背后还有这么多秘密。这就是表面的生活方式到底反映了什么。我在成都长大，之前对成都一点儿感觉都没有，到了美国以后，因为有了距离，有了比较，才发现了过去所看不到的东西。既是生活中熟悉的东西又别开生面，写这些东西又有相当的历史意义，大家觉得很新奇，又能得到一些启发。这是我离开中国得到的。

南都：刚到美国时因为语言等原因很难真正融入那

个环境，你是怎样做的呢？

王笛：确实很不容易，我当时以访问学者身份去的美国，虽然出国前上过一学期的英语培训，但基本上只能进行阅读，速度也非常之慢，听也听不懂，只能应付日常生活。1991年，我去了密歇根大学，那里的中国研究很强，我就开始听课、听讲座。后来我又去了密歇根州立大学，1995年我转到约翰斯·霍普金斯大学读博士。这整个是个长期的转化过程，一直在听讲座、听课，并不是说一年、两年。

我还记得我在密歇根大学的第一个讲座非常失败，当时参加的有费维凯教授，有学校中国研究中心的主任奥克森伯格（Michel Oksenberg），还有从中国来的学者。我有所准备，但是对于西方的研究完全不了解，就去请教其他访问学者，有人建议把我的各种研究成果做一个概括介绍。这是极大的错误，因为在西方做报告只针对某一个专题，不能把曾经做过的研究逐个提到，但当时我就是泛泛而谈。其实我只要把《跨出封闭的世界》中关于人口与耕地的问题作为中心议题，就会非常精彩，但当时是真的不懂啊！讲了以后，大家提问题，我英语不好，听不懂，就是听懂了也不知道怎么用英语表达，根本没办法回答，现在想起来，那真是个 disaster（灾难）。

南都：这其中可能也存在一个学术思维转换的问题。

王笛：转变过程是非常长的阶段，不断听课，一年一年不断大量地阅读，每周一本书，参加研究生的讨论课。西方研究生的培训和中国很不一样。中国的研究生，研究近代史课程就集中在这一方面，西方的话，研究中国史只是你的主修，还需要修很多其他课程，包括美国史、欧洲史，以及其他非历史的课程，包括人类学、政治学。我在约翰斯·霍普金斯大学的时候就学了四个领域的知识，本系，另外还有美国的社会文化史，在政治学上修比较政治学，在人类学上修社会人类学，而且是在每个领域跟着一位老师修整整一年的课，他还会给你详细的书目，一年之内有几十、上百本书要读。最后有的是写论文，有的是考试，通过以后这个领域才算完成，这样一年一年阅读、讨论，不断吸收。

在国外，博士生就是潜心读书，最后发表一篇论文，而国内博士生要至少发表两篇论文，这是我经常批评的，在本来要吸收的阶段，大量的精力都花在发表、出版这上面，就分了心，没有受到足够的学术训练，这样后劲儿就有所欠缺。即使在读博士期间没有发表什么东西，但（重要的是）打下了非常坚实的基础。

前后整整七年，我在国内发表的东西非常少，几乎像消失了一样，后来1996年、1997年有三篇发表在《历史研究》上，但全是我修课的成果。所以我没有做其他研究，就是吸收、培训。

南都：你的博士导师罗威廉对你的学术研究有怎样的影响？

王笛：有非常大的影响，一个好老师就是要给学生指出方向，引导思考。《街头文化》的书名就是在他的指导之下提炼出来的。当初我在写研究报告的时候，题目是"Public Culture on the Street"，即《街头上的大众文化》，但在行文的时候为了简便起见，就用了"street culture"来表达，他说这个词用得好，就把这个作为论文的标题。在做博士论文的时候，一些重要的思路，社会史、文化史的一些书目都是他指导的。这样能打开思路，看别人怎样思考这些问题。

美国学术界和中国学术界的一个很大不同，就是看你的研究是不是和大家共同关注的大问题进行对话，哪怕你研究的是一些很小的问题，但是你也需要上升到一个更抽象的层次，和大家共同关注的大问题进行学术对话，比如我的《街头文化》虽然是研究成都的大众文化，但实际上我要讨论的是大众文化和精英文化之间的关系、社会和国家之间的关系，以及现代中国城市日常生活的演变这样的大问题。

国内学术界经常强调的是填补空白，这和西方学术界有区别。西方学术界就看你现在研究的课题，是不是为大家关注的问题提供哪怕是一个个案的研究。例如对大众文化的研究，现在西方注重的是国家和社会互动的问题、国家对大众文化的影响，以及传统中国精英文化在多大程度上影响大众文化、大众文化在多大程度上独立于精英文化。这些不仅是历史学，也是人类学所关注的问题。自说自话的研究方式在西方是行不通的。

研究方法的突破

南都：你提到你出了第一本书以后觉得非常困惑，那博士毕业后找到路子了吗？

王笛：可以这样说，至少我明确了新的研究方向。我写《跨出封闭的世界》时最感兴趣的就是数学的方法和模型，这其实就是社会科学的手段。而我现在更多是用人文方法。我的《街头文化》中一个统计图表都没有，就是用叙事的方法来展示历史，这和我在美国受到新社会史和微观历史学的影响有关系。我研究历史的焦点越来越小，从一个小的社会空间来看大的社会政治文化的变化，即从历史的最底层往上看。例如从飞机上看一个城市和站在街上看一个城市，就有完全不同的感受。我的研究就是进入到城市的内部去。这几年，我也一直在国内高校推广微观史学，现在国内也慢慢有人在做了。

南都：这种研究方法，应该比传统的学术写作要难得多吧。

王笛：进入底层做微观研究，主要是有资料收集和解读的困难。为什么微观史学不是在中国，而是在欧洲发展起来的？在欧洲，宗教裁判所留下的各种审讯资料，诸如《奶酪与蛆虫》《蒙塔尤》这些著名的微观史著作，都是利用这些材料写成的，但在中国没有这类系统记录，再加上近代的动乱，许多资料散失，还有中国传统历史写作对下层的忽视，因此，研究普通人的历史就更为艰难。

（微观研究）要花大量的时间，比如《茶馆》这本书我在写《跨出封闭的世界》时就开始注意，在写《街头文化》的时候开始收集资料，我的第一篇《茶馆》的论文是1998年出来的，但是这本书是2008年才出版，这当中整整十年，但在现在的评价体制下不能慢慢磨一本书。

南都：这么长周期的写法在国内应该很难。

王笛：事实上，只有这样才能做出真正有价值的成果。像哈佛大学教授孔飞力，第一本书《中华帝国晚期的叛乱及其敌人》是1976年出版的，第二本书于1990年问世，中间隔了有十几年，这样的例子在美国非常普遍。历史领域就是这样，你要想自己的作品成为经典，就必须有一个长期的积累。我对自己也是这样要求的，如果不满意，绝不会因为赶时间而轻易拿出来。《茶馆》一书就整整改了三年，不算零星或局部的修改，仅仅是从头到尾全书修改，就有十二个版本。对于历史著作，包括最伟大的历史学家的著作，我不认为可以一气呵成，不加修改便浑然天成几无可能。

南都：你似乎特别注重方法和新的理论，那现在对你影响比较大的是什么方法呢？

王笛：在方法上，我自己受影响比较大的有微观历史学和新文化史，例如前面提到的奥克森伯格，还有林恩·亨特（Lynn Hunt），她探索象征、仪式和语言是怎样影响革命的，从文学、艺术作品等来观察大的历史变迁。

我前天在南京大学高等研究院做了一个演讲，讲的是我正在写的《茶馆》第二卷的最后一章。第二卷写的是社会主义时期的公共生活，最后我从 2000 年中国第一例麻将官司的故事开始——成都一户居民受到打麻将的吵闹声的骚扰，在各种交涉没有结果的情况下，把开办这个麻将室的居委会告上了法庭，用法律解决纠纷，这成为当时全国关注的事件。我试图从这个事件来看更深层次的问题，因为这个事件涉及打麻将的各个群体的利益，个人利益和群体利益又是怎样发生冲突的。从中我们可以看到由于经济发展，商业化、大众娱乐的繁荣，日常生活是怎样受到影响的，无论是政府还是公民，都会接触到关乎切身利益的问题，这个方法就是从小看大。

我的每本书的方法都不一样，但有些点是共同的：第一是研究一定是建立在别人成果的基础之上，不是凭空出世的；第二是多学科交叉；第三是以小见大，即使是微观研究也要关注大问题；第四就是极尽全力挖掘史料，把自己的讨论和分析建立在坚实的资料基础上。我下一步要写的是四川袍哥，我20世纪80年代在四川大学时，就以这个题目获得了美国王安汉学基金的研究项目，时间已经过去了二三十年，可见要收集某些课题的资料是多么困难，不过现在各种私家记录、档案、报刊资料等，都已经收齐了，下一步就是怎样写作的问题了。

历史观的转变

南都：从《街头文化》到《茶馆》，回应的问题有怎样的变化？

王笛：《街头文化》除了我前面所提到的解决大众文化和精英文化的关系，还包括一些更大的问题，像到底中国城市有没有一个自治的共同体？马克斯·韦伯认为，中国之所以没有发展资本主义，是因为没有发展像欧洲那样的城市共同体（community）。但罗威廉在研究汉口时挑战了这个观点，具体论证了汉口已经形成了城市共同体，产生了市民的集体认同。但批评他的人认为汉口是个特例，因为汉口在交通位置上比较特殊，是不具有代表性的商业中心。而我研究的成都则是个行政中心，成都既是四川的省会，也是成都府的府治、成都县的县治，集三级行政单位为一城。我发现，直到晚清，即清末新政之前，成都社会都是自治的，官员对城市生活的影响非常有限。当时成都这座城市里有三十多万人，加上成都县的乡村人口，一共有七八十万人，成都还有一部分属于华阳县。两个县的县衙门各只有两三百人，根本没办法对社会进行全面控制。那谁来管理城市社会呢？就是有地方精英、地方社会组织的参与。这个研究意义不仅仅在于以往没有人对成都的公共空间和日常生活进行如此系统的研究，还在于对成都的研究给我们理解中国的大众文化、城市管理提供了新的认识，这也是西方学术界关心的问题。

在《茶馆》中，我关心的是国家文化和地方文化的冲突。从20世纪初开始，特别是抗战期间，大量外地人内迁，他们来到四川以后就开始批评坐茶馆的生活方式，这引发了广泛的辩论。有趣的是，当时为成都茶馆辩护的人，也承认在社会发展以后，茶馆自然会寿终正寝，但他们万万没有想到，直到21世纪，哪怕咖啡馆、酒吧、网吧等各种娱乐场所层出不穷，茶馆不但没有消失，数量反而大大增加了。

现在我们仍然面临地方文化和国家文化的冲突，国家文化越来越强大，随着大量拆迁和改建，城市向乡村剧烈扩展，地方戏、方言、城市的特点等在继续消弭，整个国家无论从面貌还是到内涵，越来越千篇一律。为什么大家读到《茶馆》会有这么大的反响，就是因为看到我们的传统就在眼前一天天消失，这是现代化过程中每个人的问题。我竭力从理论层面回答一个更抽象的问题：到底怎样的地方文化能够幸存下来？国家文化在多大程度上取代了地方文化？这些问题都具有很强的现实意义。

南都：在《茶馆》的前言中，你提到你的研究焦点是不断下沉的过程，从精英到底层。这是不是意味着你的历史观也有所改变？

王笛：我的历史观有很大的改变，在写《跨出封闭的世界》的时候，是站在精英的角度，从《街头文化》开始把自己置身于普通民众的地位上。比如过去人们可以随便使用城市的公共空间，摆摊谋生，随着城市管理机器的现代化，警察逐步对这些公共空间进行控制。对精英来讲，城市面貌更进步了，管理更规范了，但对普通人来讲，他们的处境是不是更困难了？

从一个普通人的角度，当我面对国家这个强大机器的时候，我要为自己的生存空间而反抗；但是站在城市管理者角度，如何解决交通阻塞、环境卫生等问题？我进行了一个角色的转换——如果我是一个普通人，我会有怎样的感受、怎样的行动？这就是我的史学观。

同题问答

对你影响最大的书有哪些？

罗威廉《汉口：一个中国城市的冲突和社区（1796—1895）》，黄宗智关于华北农村社会的研究，施坚雅《中华帝国晚期的城市》，汤普森《英国工人阶级的形成》，理查德·桑内特《公共人的衰落》等。

你认为做好学问最重要的是什么？

阅读。

到目前为止，你个人最满意的著作是哪一本？

《街头文化》和《茶馆》这两本，我都比较满意。

你的工作习惯是怎样的呢？

七点半到八点起床，晚上十二点左右睡觉，从来不熬夜。我一般都是把事情提前做好，这样就避免临时赶工。

我喜欢先花时间把日常事务完成，然后再去安安心心地写书。

除做学问外，还有些什么样的爱好呢？

爱好就是钓鱼、游泳、画画，但现在忙了，也画得少了。目前我最喜欢的娱乐活动就是钓鱼，有时候一个人驾车到湖边钓鱼，融入大自然中，让头脑放松。还有就是经营花园，种花、种菜。

（2013年7月25日）

陈平原：每一次学术转向的背后，我都有内在的理路在支撑

李昶伟

陈平原，广东潮州人，文学博士，北京大学中文系教授，教育部"长江学者"特聘教授。近年关注的课题包括20世纪中国文学、中国小说与中国散文、现代中国教育及学术、图像与文字等。著有《中国小说叙事模式的转变》、《千古文人侠客梦》、《中国现代学术之建立——以章太炎、胡适之为中心》（以下简称《中

国现代学术之建立》)、《左图右史与西学东渐——晚清画报研究》(以下简称《左图右史与西学东渐》)等。治学之余,撰写随笔,借以关注现实人生,并保持心境的洒脱与性情的温润。

尽管还是暑假,陈平原的行程仍然排得很满。在北京采访陈平原时,他刚从拉萨回来,不是去旅游,而是忙西藏大学的援藏项目。接下来几天他要去潮州参加饶宗颐先生的国际学术研讨会,然后还要去香港、日本。陈平原这两年在香港、北京两地跑。除担任北大中文系的教职外,陈平原也是香港中文大学中国语言及文学的讲座教授。

在香港的一个变化是,作为凤凰卫视《锵锵三人行》的嘉宾,陈平原今年上了八次电视。对于做电视节目嘉宾,陈老师小心翼翼,说自己"还在评估以后能不能做这样的事情"。在节目中,陈平原侃侃而谈,谈大学、谈教育、谈武侠背后的人文等话题,但陈平原也有很多原则,譬如没准备的题目不说,八卦不说,不懂的问题不说。他说,不想让学生看到自己的老师在电视媒体上胡说八道。

当陈平原的学生很幸福,采访中,能感到学生在陈平原那里的分量。人在香港,除了邮件往还,陈平原也经常飞回北京上课,指导学生。更重要的是,入了"陈门",能得到陈平原、夏晓虹两位导师亲炙——这对学术伉俪术有专攻,但研究领域大体相近。陈平原一直看重师者言传身教的力量,他说自己做那么多研究一半是为了自己,一半是为了学生。"好大学给予学生的说得比较多,但是你不知道好的学生对老师是什么样的刺激。"

我最困难的关卡是在中山大学越过去的

南都:你正式的学术训练是从什么时候开始的?

陈平原:正式的学术训练,一般都是在进大学之后才开始的。但我们这代人有点特殊,进大学前,在乡下待了好多年,那段自学的经历,对我们来说很重要。你这种提问方式,隐含了一个值得反省的问题,即我们是否太看重,也太强调"名门正派"了。现代大学制度建立以后，我们都特别倚重"正规训练"，看不起"野狐禅"。在我看来，有些专业靠自学不行，比如原子物理或基因工程。但有些专业不一样，比如文史哲，受过"正规训练"的，就不一定比"自学成才"的更精彩。

南都：其实是想追溯你学术上的渊源，从治学上讲，对你影响深远的师长有谁？

陈平原：要说学术上的影响，最明显的，当然是到北大跟随王瑶先生念书。我读博的故事，在好多文章中提及。这里更想谈谈我中山大学的老师。我在中山大学待了六年半，本科在这里读，硕士也在这里念。而且，我最困难的关卡，是在中山大学越过去的——无论是精神上、生活上，还是学术上。因此，我到北大念书时，没有任何自卑感。

我在中山大学念硕士研究生时，有三位指导教师。三位教授的学识及性情都不一样。陈则光先生去世较早，他主要研究近代文学。当年学界做晚清文学研究的专家并不多，比较突出的是北大的季镇淮先生和中山大学的陈则光先生。我是学现代文学的，可我的博士论文兼及晚清与"五四",学术视野跟别人不太一样,这和陈老师帮我打下的基础有关。

另一位导师饶鸿竞先生担任过中山大学图书馆的副馆长,特别熟悉现代文学资料,对书籍本身也很有兴趣。我开始出书后,饶先生告诉我,凡理论著作就不必寄了,若是随笔集或资料集一定寄给他。我喜欢书籍,也写些小文章,这跟饶先生的鼓励有关系。

吴宏聪教授长期担任中山大学中文系主任,他对我的影响主要是学术视野与胸襟。我做学问的路子跟吴老师不太一样,可他能宽容地接受,甚至很支持。吴老师说,他当年在西南联大做毕业论文,选择曹禺戏剧为题,很多人不以为然,只有沈从文和杨振声两位教授支持他。这件事他永远感怀,使得他尊重学生的独立思考。

我在中山大学的这三位老师,给我不同的教诲,一个是近代文学知识,一个是书籍的感觉,还有一个是对学问的眼光和气度。

上个月中山大学举行毕业典礼,请我回去演讲,就住在黑石屋。那是我当年进行硕士论文答辩的地方。

那一届中山大学硕士生学制三年，北大只有两年半，我想考北大博士生，于是提前毕业。吴老师说：别的学校就不必去了，但如果北大要你，我们欢送。

南都：那是为学生的前程着想。

陈平原：是的，一直到现在，我还是很感激这三位导师。关于北大的老师，除了长文《学通古今的王瑶先生》，我还写过好些文章，来谈吴组缃先生、季镇淮先生、林庚先生、金克木先生等。还有不少老先生，只是偶然接触，没有机会登堂入室，不好妄加追攀。

南都：你的研究涉及范围很广，从20世纪小说研究，到学术史、散文史、图像研究，再到教育史、城市文化，不同关注点演变的过程是怎样的？

陈平原：学生们不懂，以为老师真了不起，做了那么多研究，很羡慕。我告诉他们，那是因为我年纪大，读书时间长，且持之以恒。你们一开始不能这么做，还是要一个问题一个问题地解决。其实，我在某个特定时期，也是术业有专攻的。只不过学术视野不断拓展，兴趣也有所转移，全部著作放在一起，才给人眼花缭乱的感觉。你得了解我80年代喜欢什么,90年代关注什么,新世纪在做什么,最近又有什么新动向,分解开来,就一点也不稀奇了。唯一可称道的是,我不断挑战自己,而未曾死守自家的一亩三分地。学问做到一定程度,我就会做出判断,是一直往前走好呢,还是另辟蹊径更精彩。这取决于课题本身的潜力,也取决于自己的兴趣。面对某个学术课题,有的人希望"彻底解决",把所有的残渣碎片都打扫干净,不留一点遗憾;有的人做学问特别倚重"好奇心",一看潜力不大,挑战不足,就开始转移阵地了。两种治学路径各有利弊,我明显属于后者。当然,如果有一天,我发现这老题目也能做出新文章,会杀个回马枪的。

学术研究要学会量力而行

南都:你近十年的关注点是什么?

陈平原:去年我发表过一篇文章,题为《"现代中国研究"的四重视野——大学·都市·图像·声音》,

谈我近年比较关注的四个话题。第一是大学。因为，在我看来，现代教育制度的建立，决定了20世纪中国的基本面貌。对于现代中国教育的考察，我主要用力在大学。这方面的书籍，我已出版了好几种，也比较受关注。

第二是都市。传统中国文人即便长期住在都市，也都更向往山林与田园，这里蕴含着某种哲学趣味，但也不无"文化偏见"。今天回过头来看，不要说现代，即使在古代，城市的重要性也没有被充分认识。越来越多的中国人居住在城市，如何理解城市生活、城市文化、城市的历史及城市的美感，是个有待开发的大课题。这一块，我做了一些工作，包括开课、出书、写文章，也包括组织讲座及国际研讨会等。

第三是图像。我是中文系出身，对文字比较敏感，无论谈社会、历史、文化还是文学，基本上靠的是文字。对文字的感受、挑剔、辨析、欣赏的能力，那是中文系的拿手戏。但最近十多年，我还关注了图像。比如，我出版了《图像晚清》及《左图右史与西学东渐》等著作。后者前几年由香港三联书店推出，学界反应很好，我还在修订与补充,准备明年交给北京的三联书店刊行。谈论晚清画报,我自认为下了很大的功夫,也有不少心得。所谓的"读书人",在"读字"之外,必须兼及"读图",方才不至于偏废。

最后一个是关于声音的研究。文字寿于金石,而声音则随风飘逝。中文系学生谈戏剧,基本上说的是文学剧本,很少理会声腔及舞台演出。其实,声音很重要。而在录音设备出现之前,我们没办法永久保留前辈优美的声音,不管是唱腔、诵读还是演讲。我曾做过若干研究,比如晚清以降的"演说"如何影响现代中国文章的体式,还有教师课堂上的"讲授"是怎样超越具体的教材与课室,而成为学生们永远的记忆。这需要理论假设,更需要大量的实证研究,以便重建那已经永远消失了的"现场",让当下的读者真正理解那曾经存在的"有声的中国"。

南都:你曾经说过做学问要有性情,也强调学者做专业研究要有人间情怀,你觉得就性情而言如何影响你的治学方向?情怀如何体现于学术研究?

陈平原：说实话，我很高兴自己很早就知道很多事情我做不了，因此，只好专心读书。毕业后，同学有的从政，有的经商，做得风风火火，我之所以沉得住气，是因为我知道自己能力及兴趣均不在此。很多人自恃才高，什么都想做。想要的东西太多了，也就很难集中精力做一件事情。我想要的不多，且觉得读书做学问挺有趣的，也适合我的脾性，就这么一直走下来。能力太强或机会太多时，容易歧路亡羊。这么多年读书做学问，我从不眼红这个朋友当了省长、部长，那个同学发了大财。一方面知道那不是我的长项，另一方面也是志不在此。这是我说的"情怀"的第一层意思。

第二层意思呢，是我常说的，做学问要有"压在纸背的心情"。从事学术研究，有两种不同的取向：一是强调对社会、对整个人类都有意义；一是选择自己能做且真正感兴趣的。这两者之间常有矛盾，要学会很好地协调。有的人做学问喜欢标榜"国家需要"，显得责任重大、毋庸置疑。但如果你做不了，或不是你擅长的呢，怎么办？若自家的知识储备及性情都不在那里，硬做是做不好的。在"为人之学"和"为己之学"中间，最好能保持适当的张力。

我的学术转向，大都采取"移步变形"的办法，每一步迈出去，都有认真的考量。除思考此新课题在学术史上的意义，更多考虑的是自己的能力及兴趣。作为下乡知青，我深知选择合适的担子很重要：明明能挑一百斤，你只选了五十斤的担子，那是存心偷懒，没出息；为了大众的喝彩，勉强挑起了一百五十斤，踉踉跄跄，既不可能走长路，也很容易把腰给扭了。做学术研究，并非一蹴而就，得学会"量力而行"，既不偷懒，也不充大头，这样才能走得比较远。

你问我学术的关注点为何转来转去。我不会随风转，每一次"移步"背后，都有内在理路在支撑，若时间允许，可以讲出一堆有趣的故事来。在这过程中，有挣扎，有困惑，有得意，也有失落。并不是"一路凯歌"的，每跨出关键性的一步，我都知道自己将失去什么。

南都：你能具体说说吗？譬如说学术史的研究，内在理路是什么？

陈平原：谈学术史研究，必须回到20世纪80年代的语境。我是那时走上学术舞台的，也很怀念那个时代的文化氛围。

90年代的学术转型，有政治上的因素，也是学界的自我调整。包括五六十年代被压制的若干社会科学的重新崛起，包括人文学因无力解决具体的社会问题而日渐边缘化，也包括新一代学人良好的学术训练等。别人不好说，我自己当年办《学人》集刊以及发起学术史研究，很大程度是在厘清自己的思路，思考人文学的魅力、陷阱及突围方向，了解自己所研究的学科的过去、现在及未来，观察我们这代人的长处及毛病到底何在，看还能走多远。

我的学术史研究，更多的是一种自我训练——思考20世纪80年代的文化热，思考"五四"新文化运动的狂飙突进，思考晚清以降西学东渐的步伐，然后确定自己的方位，选择自己的道路。"中国现代学术史"这门课其实没准备好，我是一边讲授、一边备课的。今天看似乎只是"加强学术训练"，当年却主要是心情问题。

做学问不仅仅是一门技术活，还需要大的文化视野

南都：心情问题怎么讲？

陈平原：这里所说的"心情"，属于我自己，也属于我的学生。当年学生们听这门课，之所以会感动，是听出我的弦外之音。《中国现代学术之建立》出版后，好几位同代人写评论，也都读出了论述背后的心情。这里有"古典"，也有"今典"，不知道后人能否欣赏。

南都：钱穆曾说以通驭专，你也写文章提倡通识教育，你自己是怎么解决治学中通与专的问题的？

陈平原：不是所有人都能"以通驭专"的，有的人只讲"通"，有的人只会"专"，也没什么不好。我更愿意采用另一种说法，那就是"大处着眼，小处入手"。没有"大处着眼"，很容易变成饾饤之学；不想"小处入手"，则往往变成凌空蹈虚，弄不好就成了"侃大山"。在专业分工日渐琐细的状态下，"通"更多的是一种理想，而"专"则是现实需求。某种意义上，

今天有志从事学术研究的读书人，入口处必定是"专"，完成博士论文、获得学术职位后，才有可能放长视线，从容思索，逐渐获得一种"通"的立场、眼光与趣味。我们只能这么说，做"专家的学问"，但努力获得"通人"的眼界和情怀。

南都：余英时讲治学门径的问题时提到，目前的最大问题除了怎么做研究，是立志的问题。中国以前讲读书要先立志，现在都是职业观点。

陈平原：如果说20世纪80年代的学人喜欢说大话，学术训练不太好，那么今天恰好相反，很多人训练很好，但志向不大，且趣味不佳。受北大中文系学术委员会的指派，我为研究生开设一门专题课"学术规范与研究方法"，已经讲了八年，效果很好。最初设计这门课，确实带有"教训"的意味，提醒学生们要遵守学术规则等。我加入了"研究方法"，将着重点转移到了"学术志向"的培养。当一个好学者，不纯粹是技术问题，其中的境界与情怀，更值得期许。用什么办法，使学生们感觉到做学问是一件很有意思的事情，值得全力以赴地投入，且乐在其中？关键是让他们理解技术背后的心情、路径蕴含的境界，然后，"虽不能至，心向往之"。

做学问不仅仅是一门"技术活"，确实也需要大的文化视野，才能养成学者的气质与情怀。大学之所以超越职业培训学校，关键就在这儿。我这里所说的"职业"，不仅指官员、商人、记者等，也包括学者。二十年前，听日本学者感叹他们的大学教授基本上都成了"学匠"，那时感触不是很深。现在明白了，有了基本的学术训练后，能不能成为好学者，就看他在"职业"之外，有没有更高的追求。

南都：这种学问的吸引力，你是怎么传达给学生的？

陈平原：其实，我在北大讲这门课，每次讲都不太一样。有基本的思路，但大部分是根据学界的状态以及自己的研究，不断加以调整与更新。如大学的功能、学者的志向、述学的文体、引文的技巧等，牵涉很广，我会变着法子讲，且努力讲开去。但有一点，我做过学术史研究，会有意识地补充进来大量的学术史资料。这样，学生们才愿意听下去，也才会有比较真切的体会。

如果你老是居高临下、耳提面命地教训学生，人家不听你这一套。做学问是有魅力的，要让学生体会到其中的乐趣，这比教他们怎么具体操作还重要。

我的很多新想法都是被学生们逼出来的

南都：从晚清小说到后面的图像研究等，你整个治学当中比较重要的思想资源是什么？

陈平原：谈思想资源，有大小之分，有虚实之别。有挂在嘴上整天念叨的，也有藏在心里独自享用的。我不说这些，还是缩小范围，谈谈作为"中国现代文化或文化研究"这一特定专业的"思想资源"。如果你研究20世纪上半叶中国的历史、文化、思想、学术，建议你读我给我指导的研究生开的八个人的"必读书"——章太炎、梁启超、王国维、刘师培、蔡元培、鲁迅、周作人、胡适。不管你的研究课题是否牵涉这几个人，其著作都值得你认真研读。因为他们恰好处在一个新旧交替、中西碰撞、社会转型、风云激荡、各种矛盾集合在一起的时代,他们的思考、他们的痛苦、他们的成功与失落,到今天你我都还能感受得到其"余波荡漾"。这八个人的政治立场与文化趣味不一样,但对世界的思考都很认真,也有一定的深度。我们今天的生活处境,仍处在其思考的延长线上,某种意义上,他们的困惑仍是我们的困惑,他们的追求也仍是我们的追求。我承认跟孔夫子对话很重要,但我更希望跟鲁迅、胡适等晚清以降的思想家、学问家深入对话。比起思路清晰、立场坚定、旗帜高高飘扬的"论述",我更感兴趣的是错综复杂、元气淋漓、生机勃勃的历史现场,以及当事人那些充满忧虑与纠结的思考与表达。因为,那更真实,更有张力,而更值得仔细琢磨。我知道,要想说法响亮且被人记住,最好是立场坚定,一以贯之,几十年就说一句话。可惜我不是那种性格,我更愿意面对复杂的历史。

南都:你无论是专著还是学术文章或是学者散文,所出成果让人叹为观止,有什么时间管理和工作方法上的秘诀吗?你是如何构建你的写作环境的?

陈平原:我曾经说过,诗人和学者是两回事。诗人激情洋溢，神游四海，其代表作往往是一挥而就，且流传千古。在那个特定时刻，诗人的生命之花彻底绽放，让时人及后代惊羡不已。而学者则很少有这样的机缘，尤其是人文学者，很大程度上是"千锤百炼"出来的。假如你有才华的话，经由长期的阅读、思考、积累、撰述，锲而不舍地走下去，基本上都能获得成功。我不敢说自己做得很好，聊以自慰的是，一路上左顾右盼、兴高采烈的。必须承认，我很幸运，刚上路时，因"文革"刚结束不久，竞争者不太多，有较好的表演空间。一路走来，不时有掌声鼓励，因此没有过早地停止脚步。有很多朋友才华横溢，但因某种偶然因素，没能获得好的舞台，或者过早地退场了。我是勤能补拙，几十年积累下来，因此就有了这么点小成绩。不过，内心深处我一直有一种困惑——我们这代人到底能走多远？借用鲁迅《过客》的话，前面是有召唤的声音，朋友们也都在往前赶，但大环境的限制不容忽视，同代人的水平也会制约你的思考及学问的格局。

还有一点我想说，那就是学生们期待的目光。别的地方我不知道，起码北大的学生很强，在他们殷切目光的注视下，你不好意思不努力往前走。我之所以不断地推进思路与变换话题，有一个技术性因素，那就是为了"应付"我的学生。北大允许优秀的本科生听教授们为研究生开设的专题课，而后他们很可能跟你念硕士、博士，一听就是十年，你总不好意思老讲那一套吧。学生都"天天向上"了，当老师的，不好意思原地踏步。

我的好多新想法，或者对某些新课题的关注，是被学生们逼出来的。当然，学生一旦跟上了，我就"光荣"地退出了，因为他们比我精力集中，一旦认准方向，心无旁骛，会做得比我好。起码在北大，"教学相长"不是空话。不断涌现的好学生，他们的提问、他们的作业、他们崇敬或疑惑的目光，会催促你往前走。

同题问答

对你影响最大的书有哪几本？

这个问题不好回答。因读书较多，不同时期兴趣不太一样，而且，还没到"结账"的时候。

你认为要做好学问最重要的是什么？

志向、才华、学养、身体。

到目前为止，你个人最满意的著作是哪一本？

1992年初版、日后多次重刊的《千古文人侠客梦》。因那本书的写作状态和当时的心境密切相关，对于我个人来说，这既是一本不错的学术著作，也能借以度过某种精神上的危机。

你的工作习惯是什么样的？

我和妻子夏晓虹都底子薄，所以，要格外珍惜自己的身体。既然懒得锻炼，那就改为不熬夜。我生活有规律，一般情况下，晚上十二点以前睡觉，早上七八点起床。

除了做学问，还有些什么样的爱好呢？

旅游。我们每年走很多地方，国内国外都去，一边讲学，一边游玩。

（2013年8月1日）

葛剑雄：在中国做历史地理研究，有文献优势

陈晓勤

葛剑雄，历史学博士，复旦大学教授、博士生导师。祖籍浙江绍兴，1945年12月15日出生于浙江湖州。曾任复旦大学中国历史地理研究所所长、历史地理研究中心主任，现任复旦大学图书馆馆长。著有《西汉人口地理》《统一与分裂——中国历史的启示》《中国历代疆域的变迁》《中国移民史》《中国人口史》等。

葛剑雄老师日常工作非常繁忙,一会儿在美国,一会儿在京都,经常开会,经常熬夜。8月上旬,南都记者终于在他在复旦大学的办公室里完成了这个约了半年的采访。采访完成后,葛老师招呼南都记者在复旦大学饭堂简单吃了个午饭。他连说抱歉,没有好好招待,因为要赶着回办公室继续校对由他负责编撰的《中华大典·历史地理典》,四千万字,工程浩大。

因频频在公开场合对计划生育、高考制度等发表意见,葛剑雄被称为"葛大炮"。也因敢言,他在网络中有着很高的人气,微博粉丝上百万。对此,他向记者表示,遇见不公平的事,与其在底下批评,不如在媒体里面讲,但前提是要讲真话。"讲真话"与他的学术研究一脉相承。作为谭其骧先生的弟子,他在谭先生的指导下,开始进行人口地理的研究。如今已六十八岁的他,希望今后多做一些思辨性、思想性的研究,纠正一些大家习以为常,但其实是错误的历史观点,"实证型的就让年轻人去做吧,我不能在现在资源有限的情况下去跟年轻人争夺资源"。

自　学

南都：在跟谭其骧先生读研究生之前，你在哪里工作？

葛剑雄：做中学老师，上海市古田中学，工作了十多年。1964年，我留在原来读书的高中做实习教师，那时候叫师资培训，第二年就正式做教师了，教过英语和政治。

南都：我听说，"文革"期间你一直在坚持学英语。

葛剑雄：1965年我正式到单位报到，快到9月的时候上海外国语大学（当时还叫外语学院）夜校部招生，学校同意我去报名考试。考上后我被直接分在二年级，每个星期有两个晚上要去念书。1966年"文革"开始，夜大也停掉了，但我想这个还是要学的。怎么学呢？《毛泽东选集》《毛主席语录》当时出了英文版，然后还有一本英文杂志叫 *Beijing Review*（《北京周报》）还没被停掉，当然都是革命内容，我就看这些。当时人家说你怎么搞英文？我说你看我看的是什么，毛主席著作。你们学《毛选》，我也学《毛选》，我用英文学，号召世界革命嘛！所以英文倒一直在学。

南都：除了学英语，还有其他的阅读吗？

葛剑雄：也有一些，林彪出事之后，"批林批孔""评法反儒"运动开展，很多书也开始重新出版，我的机会也就来了，比如《荀子》《韩非子》这些都出了，还有王夫之的《读通鉴论》。我是教师，凭单位证明可以购买，很便宜。那时还出版了一批西方名人回忆录，有丘吉尔、李光耀等。我印象最深的是《第三帝国的兴亡》和《光荣与梦想》，还有一些世界历史地理的著作，如缅甸史、越南史、朝鲜史等。我拿到《第三帝国的兴亡》后，夜以继日连着看，看完后震动非常大。

南都：后来为什么会去考谭其骧先生的研究生？

葛剑雄：1977年，国家恢复高考，我想继续读书，跑去报名，但规定只招收1946年以后的，我是1945年年底的，年龄刚过，没门儿！过段时间大学招研究生，年龄放宽到四十周岁，不讲学历。我就去报了名。考试时，我只跟学校一个支部书记打了招呼，其他人不知道，怕被人说我不安心工作。那时"文革"后遗症还存在。

南都：还记得当时考些什么内容吗？

葛剑雄：当时我报了历史地理，那会儿我都不晓得什么叫历史地理，反正历史也喜欢，地理也喜欢，就报了。后来一上课，我才知道原来历史地理不是历史加地理，它主要研究对象是一个历史时期的地理，这才叫历史地理，英文叫 historical geography。

考试对我非常有利，第一门是政治，我一天到晚教政治，背得很熟；第二门是英文，我背毛主席语录都用英文，英文自然考得很好；第三门是古文，古文我本来很喜欢，再加上"批林批孔""评法反儒"的时候看了很多古籍。最后，我以复旦大学历史学科第一名的成绩考进复试，比第二名高十几分。

南都：是谭其骧先生进行的面试？

葛剑雄：复试时，谭先生还住在医院，我们还坐车到医院病房进行面试。他问的问题比较广，问我看什么书，还问了历史地理的一些东西，基本的原理。我跟他谈到钓鱼岛的归属问题等。

南都：谭先生那时年纪应该很大了吧，他怎么给你们上课？

葛剑雄：他1978年2月中风后一直住院，所以他给我们开课只有一门，教我们《汉书·地理志》，这门课最后也没上完。

他当时住在华东医院，我们跑到华东医院大厅，他坐在沙发上给我们讲课。偌大的大厅，人来人往，声音嘈杂，他讲课讲得很累。后来我们找到华东医院附近一家出版社，把他接到那里去讲课。当时不像现在这么正规，导师基本上很少上课，有的导师跟学生甚至都不见面，主要靠自己。

师　承

南都：读研究生之前，你并没有系统地接受过学术训练，直接开始学术研究，会不会不适应？

葛剑雄：没什么不适应。我原来兴趣就比较广泛，不单对文科，对理科、科学也感兴趣。"文革"时我看介绍国外最新科学的杂志《国外科技动态》，也看自然辩证法的杂志。

另外，研究生阶段我有幸当谭先生的助手，认识了当时健在的史学界前辈，得以向他们请教。比如国务院学科评议组历史组第一次开会，会开得很长，我们在京西宾馆一待就十天八天。出席会议的都是谭先生的朋友，比如陈乐素、钱学森，还有韩振华，地理界有曾昭璇，数学界有华罗庚，文学界有叶圣陶、朱光潜等。朱光潜吃饭经常走错方向，有几次是我领他回来的。谭先生最后一次去参加院士会甄选院士，他的推荐意见其实是我帮忙写的。

南都：给谭先生做助手，需要做哪些工作？

葛剑雄：1979年谭先生出院回家住，学校就安排我当他的助手。凡是重要的事情我都需要到他家，他外出开会我都陪着他，最多一年陪他外出十三次，最长的一次陪他住在宾馆工作了半年，修订历史地图集。那个时候条件很差，家里没有空调，市长批准让他住衡山宾馆，加上空调费一天十六块，当时很高的价钱了，要知道当时上海工人工资每月才三十六块，我读研也就四十八块。

谭先生起床比较晚，中午吃完饭我会陪他在马路上散散步。有一次开完会，我陪他在西藏路散步，我们谈他治学过程中的特色，他很开明，我不赞成他的观点可以跟他讨论。我很了解他，他去世后我整理他的日记，整理他的著作，还写了他的传记。他的《长水集》（共三册）前两册是他自己修订，我给他做一些辅助工作，他去世后的一册是我帮他编订的。

南都：谭先生学术上很开明，作为学生的你有不同观点也可以跟他讨论。这方面可以举一些具体的例子吗？

葛剑雄：我曾经写过相关文章讲这些事情。谭先生晚年，我在研究移民史，发现有篇他年轻时写的论文《晋永嘉丧乱后之民族迁徙》，论文中他所推算的移民总数有误。我告诉他，你推算移民总数只是根据出发的人到最后是多少，但这个移民的过程延续了一百多年，其间，移民生儿育女有了第二代、第三代、第四代，人数应该是动态的，是个变量，但你没有用变量。他不仅接受了我的意见，还在一篇文章里加上一段纠正的话。我对他说，这是你早年的文章，都过了几十年了，何必这样。他说，不行，我要对这个负责。他一直讲，我们应该超过清朝的那些学者，你们应该超过我，否则学术怎么进步。

南都：说起你的学术成就，不能不提及你的成名作——《西汉人口考》。为什么会对西汉人口感兴趣？

葛剑雄：研究生第一学期时谭先生给我们讲《汉书·地理志》，提到志中户口数字的价值，我觉得很有意义。课程结束时，先生要我们每人选一个郡试做一份注释。为了完成作业，并能在户口数字方面有所发挥，我特意将整部《汉书》翻了一遍，找到了一些与户口有关的资料。看了以后，却对《汉书·地理志》中平帝元始二年（公元2年）是西汉户口最多年份的说法产生了怀疑。不久从王鸣盛的《十七史商榷》中看到他也有这样的看法，不过王氏并没有举出具体的证据。于是我将自己的理由写成一条札记交给谭先生，他认为我的说法可以成立，收入了《复旦学报》的一期历史地理专辑。这是我第一次写有关这方面的文章。

这使我对西汉的人口问题有了更大的兴趣，就想读一些前人的论著。但查找的结果却令我大失所望，因为从20世纪30年代劳干发表了两篇论文《两汉户籍与地理之关系》《两汉郡国面积之估计及口数增减之推测》以后，还没有什么超过他的研究成果问世。而某些已被视为定论的说法，如西汉初只有六百万人口，虽然得到梁启超的肯定，却是毫无史料根据的臆断。这时我萌生了研究西汉人口的念头，并就已经发现的几个问题写了一篇文章。谭先生看后就问我："何不在此基础上写成毕业论文呢？"这无疑坚定了我的信心，就此确定了研究的方向。到1980年9月，我在谭先生的指导下写成了《西汉人口考》，对西汉人口数量的变化提出了一些新的观点，次年发表于《中国史研究》，并成为我的硕士论文。

治　学

南都：你当时做研究参考一些什么材料？

葛剑雄：西汉嘛，主要是史料，但是我与前人不同的是，他们研究史料却不懂人口学，不注意人口学，而我则读过一些人口学方面的书。最受益的是，我从王业键教授讲学的报道中得知何炳棣教授《明初以降人口及其相关问题1368—1953》一书的主要观点，感到很有说服力。但在上海和北京的各大图书馆中却还借不到这本书，无从研读。

何炳棣的观点让我的研究跟传统的不同了，至少我认识到传统的户口不是真正的人口。户口是一种登记，目的只是征收赋税和行政管理，而老百姓为了逃避兵役，逃避赋税，会向官方隐瞒人口，最后统计的数与实际人口有差异。何炳棣注意到这一点，贡献很大，这给我很大的启发。他认为研究经济史，包括人口史，在中国重要的不是找到数字，而是发现这些数字是怎么来的，不仅要懂得数字书面上的意义，也要知道它实际的含义。这给我很大的启发。另外，研究中我注入了一些人口学和地理的原理，不单单是历史。

南都：你的博士论文《西汉人口地理》又是怎样完成的？

葛剑雄：1982年3月，我读谭先生的在职博士生。第二年，我的博士论文就在《西汉人口考》基础上扩展，变成《西汉人口地理》，前者只讲了人口的数量，后者还包括人口的迁移、分布，是个更大的题目。这篇论文在社会上很受重视，人民出版社找到我，在1986年出版了。这大概是第一本出版的博士论文。

博士论文写完以后，正好联合国人口基金资助中国编《中国人口》，编委会让我写《中国人口（总论）》第二章"历史人口概况"中1911年以前的部分。这部分计划的字数虽只有数万，却涉及中国人口史的绝大部分，已经远远超出了我原来研究的范围。这样，我不得不从西汉延伸到近代，同时酝酿着全面研究中国人口史的长远计划。1999年我出了《中国人口发展史》，之后又出了《中国移民史》。

南都：1985年至1986年，你应哈佛大学邀请做访问学者，其间最大的收获是什么？

葛剑雄：收获很大。一是我终于看到何炳棣这本书的原文，还请教过他几次，他同意我把这本书翻译成中文，这对中国学术影响挺大。他的书以前在大陆还没出过。二是我在美国碰到B教授（毕汉斯），在他的眼里没有中国学者，他甚至认为他的学生跟我们中国的学生没有讨论的必要。他以中国人口史权威自居，实际上，他很多观点有失偏颇。这对我是一个刺激。我们总以为中国史肯定是中国人（做得更好），但20世纪80年代的中国研究，哪怕是中国史研究，在世界上是没有地位的。

至于原因，除了缺乏交流，还有一个重要的原因，就是我们没有应用国际上一些先进的成果。比如20世纪80年代初，一些学者重新发现了清初户口统计数中用的是"丁"，而不是"口"，因而当时的实际人口应该是"丁"数的好几倍。但不久就有人指出，早在几十年前萧一山、孙毓棠等就已经有过正确的结论。接着，争论转入"丁"与"口"的比例问题。可是他们却没有意识到自己的研究步入了歧途，因为清初以至明代大多数时期的"丁"与"口"实际上根本不存在比例关系。何炳棣这本出版于1959年的书已经做了很严密的论证。所以这场看似十分热烈的讨论，其实不过是重复二三十年前的认识过程的无效劳动。与此形成对比的是，当我在美国一些大学中问那些中国学研究生时，他们几乎都知道"丁"的真正涵义是"fiscal unit"（赋税单位），而不是"population number"（人口数量）。

南都：在你看来，现在"人口史"还有哪些可以深入探讨的题目？

葛剑雄：一，我们只是做了一个通史，还可以研究地区史、专门史，某一地区某种特殊的人口情况还有大量工作可以做。二，有个问题始终没有解决，就是中国确切的人口统计。西方国家，以及日本，他们找到了几百年前的人口的资料，中国到现在都没有。中国只有家谱，户口只有总数，没有具体统计。三，传统人口统计方法可能走到尽头了，今后能不能借助自然科学的方法对人口来进行研究？比如基因测试就可以提供人口迁移的证据。

南都：你曾说中国做历史地理学研究是有一种天然优势，这种优势是指什么？

葛剑雄：主要指文献方面的优势。历史地理跟现实的地理不同，特别是历史人文地理，它主要靠文献，研究今天的地理主要靠实地考察，比如研究一个城市，可以到这个城市调查。但历史地理不同，这个城市一千年前已经没有了，哪里去找？有的遗址都没有了，只能依靠文献。如果没有文献，像印第安人没有留下记录，要研究新大陆以前就研究不出来。

中国还好，至少甲骨文出现之后的文字是延续的，三千七百年了，另外各个朝代的正史、地方志，各种文籍、笔记，史料丰富。第二是延续，有延续才有对比研究，比如说上海，从明朝、清朝延下来才可能史料充分，光孤零零一个是不行的。第三，中国覆盖的面积大，有平原、山区、牧区、农区，这样的话这一套资料可以做很多研究。这个主要是从资料而言,资料的完整性、覆盖面、精确性,这些都是其他国家没有的。

南都:会不会也遇到一些障碍?

葛剑雄:当然有。另外它也有空白,有的是地区空白,有的是时间空白,有的资料虽然多,但都是非量化的,而有些地方则连这些资料都没有。

展 望

南都:你有没有考虑写一部新的历史地理的通史?

葛剑雄:暂时没有。因为前面已经有几种历史地理概论,囊括复旦的邹逸麟老师、谭先生的观点;陕西师大今年也编了几种(教材)。我觉得,一个人不可能什么都研究,比较多的是用人家的成果,我没有必要再去做专门的研究。更重要的是,我认为应该填补空白,比如我们做人口移民史做得比较深入,如果每个学科、每个分支都有人去做出一些新的成果,有人把它汇总起来,归纳总结写成概论就不太难了。相反如果每个分支都还是空白，去编概论（就没用）。

南都：那你会继续挖掘人口史的专门史？

葛剑雄：这个恐怕不一定我来做，我还是做总体的。对于有些人，比如我的一些研究生，我希望他们做得更深入些。比如移民史，我有好几个博士生研究移民史。有浙江的博士生写抗日战争时期浙江的人口迁移；有博士生写过《太平天国战后苏浙皖交界地区的两湖移民》，他是河南人，可以回家找近代河南的人口（资料）。

南都：你接下来会有什么样的研究？

葛剑雄：到这个年纪了，新的研究不敢多说，去开发什么新的理论出来也不现实。再加上现在杂事也比较多。另外，我不能在现在资源有限的情况下去跟年轻人争夺资源，我在原来的基础上做总结会更好。比如我也写过"统一分裂"的题目（著作《统一与分裂——中国历史的启示》），这本书再版过很多次，很巧，最早是在台湾出的，之后到了三联书店，三联书店让版权给中华书局，最近又让给商务印书馆，几乎中国最有名的出版社都出过。这书只不过提了个头，还有很多问题值得深入研究。所以今后我想多做一些思辨性的、思想性的研究，实证性的就让年轻人去做吧。

同题问答

对你影响最大的书有哪几本？

不是一本书。不同阶段有不同的书，譬如"文革"时期影响最大的是《第三帝国的兴亡》。

你认为，要做好学问，最重要的是什么？

认真。

你个人最满意的著作是哪一本？

目前为止，一本都没有。

学术研究工作要经常到深夜吗？工作习惯是怎样的？

习惯在夜里工作，正常睡觉是一点半到两点。

学术研究之外，有什么爱好？

现在爱好越来越少，游泳，听音乐，主要听古典音乐。

（2013年8月22日）

钱文忠：学术的普及需要另一种功力，也是一种挑战

赵大伟

钱文忠，复旦大学历史系教授。1984年考入北京大学东方语言文学系梵文巴利文专业，师从季羡林先生和金克木先生。1996年，进入复旦大学历史学系任教。央视《百家讲坛》主讲嘉宾。著有《末那皈依》《天竺与佛陀》《国故新知》《玄奘西游记》等。

8月17日，钱文忠先生来广州参加南国书香节，

他提前一天坐火车从上海出发，没想到因暴雨引发洪灾，火车在韶关附近耽误了五六个小时，以至于他无法赶上事先安排好的讲座。在讲座开始前四个小时，他就在微博上告知读者，并给读者致歉。还好，延迟一个半小时之后，讲座如约开始。讲座质量并没有因为火车误点而受到影响。讲座中，钱文忠风趣而又幽默，侃侃"漫谈人生"，这也是他新书的主题。这位曾钻研梵文巴利文这样冷僻专业的学者，现在致力于备受大众青睐的学术普及工作。

2007年，因为在《百家讲坛》讲"玄奘西游记"，钱文忠火起来了。之后，他开始讲《弟子规》《百家姓》这些传统文化典籍。用他的话说，"用出世的心态做入世的事，用入世的心情追求出世的事"。他承认自己现在离复杂的梵文巴利文专业已经有点远了，而现在做的学术普及工作也不是一件容易事。"你要有一桶水，才能给人家半桶水。"他努力在通俗的事情上做得更深入。

高中时给季羡林先生写信

南都：你的家庭对你后来从事的学术工作有影响吗？

钱文忠：我父亲毕业于上海外国语学院英语系，后来从事对外经贸工作。我很感激我的父亲，他当时在国外工作，一直都默默无言地汇款满足我近似疯狂的买书欲。特别是在我留德期间，德国专业学术书籍非常昂贵，动辄每本上百马克，这在当时中国大陆人的眼里，几乎可以说是天文数字了。可我买书全然没有犹豫过，这全拜我父亲所赐。就连回国时高昂的书籍运费，也是父亲从美国汇了一笔不小数目的美金才得以支付。二十多年过去了，我对父亲的感恩之情绝无消减，反倒与日俱增。

南都：1984年你考入北大，外界知道最多的是你上高中时曾给季羡林先生写信，信中写了什么？

钱文忠：对，那封信很有意思。上高中时，我受历史老师郝陵生先生的影响很深。即便是在最紧张的高考前夕,郝老师在课前十分钟依然是不谈课本的,谈的是学术界的情况。所以,我在高中就知道很多学者,比如冯友兰、朱光潜、王力、游国恩、张岱年、季羡林等,也翻阅过他们的主要著作。有一天,郝老师讲到印度学和梵文,还有季羡林先生,最后说了一句话:"老人家已经年逾古稀了,但是好像没有年轻学生,梵文只有在1960年招过一届本科生。"郝老师说今天的年轻人大概不愿意学这样的冷门。我却觉得很好玩,还有点神往。放学回家请教我父亲,父亲是英语系毕业的,对梵文还有点了解,但是对巴利文就不知其详了。于是,我就写了一封信给季羡林先生,请教季先生巴利文到底是怎么回事儿。季先生就给我回了一封信,回答了我的问题,并且对我这个提问题的后生小子颇有鼓励、赞许之意。这之后我就跟季先生保持通信。我说希望考梵文巴利文这个专业,这个专业原来是不招生的,但是1984年就恢复招收本科生了。当然,这不能说是因为我的原因,外界传说有夸大的成分。然而,我的信及表现出来的越来越浓烈的兴趣，大概是一个因素。

南都：考试情况怎么样？

钱文忠：高考前，季先生专门派了北大的两位主任到华东师大附中找我谈过。我高考时，分数不低，考了564分，是上海市外语类的第二名。季先生在"文革"中教过他的孙子以及他秘书李铮老师的孩子学梵文，可见即便是在那么困难的情况下，老人家还是一直想把它传下去的，但这两个孩子因为兴趣的问题没学下去。我们考过去，季先生当然很高兴。我们班共八个同学，当时的小语种很多都是服从分配，调配来的。

南都：季先生最初给你的指导是什么？

钱文忠：他给我们班每个人一套《罗摩衍那》，我这套书现在还在，季先生所有签名的书我都留着。他对这个班是充满期待的，他想将一生所学传下去，学语言是需要年轻时就开始学的，尤其是学极其复杂的语言。从这个角度看，能招到一批十八九岁的学生，季羡林先生当然很高兴。

南都：对于很多没接触过这门语言的高中生来说，

上大学学梵文，最开始入门的一关要怎么做？学习的具体过程有何困难？

钱文忠：梵文是古印度语，跟英语等现代语言差别太大了，它的难度是很难想象的。梵文是世界上公认语法最难的语言，有43个字母，变位特别多，法语都不能跟它比。但最难的还不是语言本身。它跟学英语、法语不一样，它不是用于现实沟通，而是用于解决学术问题的，因此，学这门语言对知识储备的要求特别高。我们进入专业不久，除了学语言，还得花很多时间去学习古印度、西域等的文化。不懂这些知识，根本无法掌握这门语言。我那时每天除了吃饭睡觉，几乎都在学习，有时候假期都不回去，在宿舍里学习、查资料。

本科生留学德国

南都：后来你去德国汉堡大学留学，和季先生有关吗？

钱文忠：我去的是当时的西德。就算是在今天，本科生留学也是很难的,这当然是季先生安排的。可是,到现在我都不知道他是如何安排的,这是一个谜。就当时情况而言,学梵文又不可能直接服务于"四化"建设。更何况,那个时候,国家是多么缺外汇啊!我最近可能会了解到,因为季先生的日记正在整理中,一共有九十多本。我希望能从中看到答案,就是季先生当时是怎么安排的留学,出于一个什么样的考虑。这些,后来我都没有问过老人家。

南都:汉堡大学的魏茨勒和施密特豪森两位老师给你最大的影响是什么?

钱文忠:我是在汉堡大学印度与西藏历史文化学系,主修印度学,辅修藏学和伊朗学。当时去是准备读完博士学位回来的。魏茨勒教印度学,施密特豪森教佛教学。这是两位天才型的学者,对季先生都非常尊敬。因为季先生在德国学界的辈分很高,他在那边待了二十一年,教过书。20世纪80年代,学术主流已经在美国了,但是德国还保留着强大的东方学传统,特别是对印度、梵文研究的传统非常强大,到现在也很强大。

南都：德国的学习跟国内应有所不同吧？

钱文忠：在德国，跟国内大学不一样，完全靠自己。前一段时间，我从书堆深处找到了我当时从德国带回来的一些文件。当时的同学们发起了一件很有意思的事情，用我学过的每一种语言，各写一段话给我，比如古代伊朗语、梵语等，好几页纸，我都发表在微博上了。

我在德国主要是想学国内没有的，有些语言在国内完全没有人学过，比如尼瓦利语、古代孟加拉语等。德国教授权力太大了！当时我回国探亲，回国前魏茨勒教授就写了一封信给我，希望我快点回去，开始博士论文的写作，可那时候我本科还没有毕业呢。德国就可以这样，教授认为经过一年的学习以后对你有把握，就行。这个信还在，最近也找出来了。回过头去看恍若隔世啊，近三十年了。找出这些很珍贵的文件时，我真的说不上高兴，而是心酸得很，难过得很。不怕人笑话，我觉得我自己是流泪了。

南都：从德国回来，你跟季羡林先生有交流吗？

钱文忠：回来后发生了很多事情，没有再去德国，我就跟他继续读书，在季先生带过的学生当中，这个情况是绝无仅有的。我的本科论文、硕士论文都是他亲自指导的，都是满分。答辩都有记录的，我是同一篇论文拿的两个学位，本科论文就是在硕士论文《试论马鸣〈佛本行经〉》中取的一小部分。当时有答辩委员，比如已故的赵国华先生，还认为这篇文章超过了所授学位的要求。

我硕士读了两年便提前毕业，硕士论文由季先生推荐，发在1990年的《中国社会科学》杂志上，前面是季先生的文章，紧接着后面是我的文章。这是很不容易的。

南都：在北大时季羡林先生平时不负责授课，那具体给你授课的是谁？

钱文忠：梵文巴利文专业1960年只招了十七人，周玉华、韩廷杰、张保胜、蒋忠新、黄宝生等，季先生一辈子真正教过的本科生就这十七人。1984年该专业招包括我在内的八人，则是由先生的再传弟子所教。

本科的头两年，给我们讲课的是季羡林先生第一代的学生，蒋忠新、黄宝生等老师，后来还有从德国回来的段晴老师。我们幸运在于，一方面有这些很好的老师；另一方面，尤其是我，本科期间就经常到季先生家乱串。研究生阶段就由季先生直接指导了。这样的一种人文科学教学方法，既有现代的大学体制，又有传统的师父带徒弟的意思。

南都：季先生读书不折不批的阅读方法对你有影响吗？

钱文忠：这倒没有，我的书上画批满了。季先生还有一个习惯，只要是有字的纸他都不扔的。还有，他的好多文章都是在莫名奇妙的纸上写的，比如水费通知单、开会通知、请柬等。我没有这个本事。金克木先生更妙，我在他家客厅就真没看到他有书，应该有啊，但是我没见过，因为我就进过他的客厅。

做学问要"聪明人下笨功夫"

南都：硕士毕业后你离开北大，跟外界联系不多了？

钱文忠：我当时是退回原籍上海，一直到1996年，除了去北京看看几位老先生，我跟学术界是没有接触的。初期的时候，我还在《读书》上发一些文章，王永兴、汤一介、乐黛云、王元化等先生在这期间都对我很关心。当时我跟几个朋友，在上海开了第一家私营书店，就是上海市顺昌路560号的凤鸣书店。我是待业青年，具有当个体户的资格，而那些朋友都有工作，都是大报记者。按说我每个月可以领200元的待业费，但是我从来没有领过，一分钱都没领过，也是赌着这口气，我做了很多都是为了谋生的事情，但我依然大量地买书和收藏，没有办法。

此前，我的文章都发在《北京大学学报》《中国社会科学》《外国文学研究》上，都是所谓的权威期刊；

《读书》就算是普及的了。后来为什么会在报纸上写文章，这不是一个简单的选择发表园地的问题，而是一个重要的选择。我不愿意按部就班地发学术文章，我不需要评职称，而更希望自己的声音有更多的人听到。

南都：这段经历对你后来的研究有什么影响？

钱文忠：我觉得应该有更多的现实关切。这一人生经历使我逐渐地偏离了很冷僻的学术，发生了转向。当然这个转向有几个原因：一个是不具备研究条件了，研究梵文巴利文和印度学的藏书主要在北京，包括季先生私人藏书；更不必说当时的我是绝对看不到出土的古代梵语、中亚古语写本和文献了，这还怎么做？另一个是，即便有这个资源，我也可能转向，因为我想更多地关注当下所需要的，跟现实比较有关联的东西。但过去的学术训练又有一定的影响，又提醒我面对现实保持一定的独立性。

南都：1996年你到复旦任职，王元化、周一良教授对你的帮助是最大的吧？

钱文忠：还有朱维铮先生，在纪念朱维铮先生的文集《别样的学人优雅》中,我把内情都公布了。最早是葛兆光先生把我的情况告诉朱维铮。当时葛兆光先生离开北大到复旦,自己也并没有在复旦待下来,却还挂念着我的事。那一代学人的感情深厚,真的不像现在。后来汤一介、乐黛云、庞朴先生都在为我争取。周一良教授和王元化先生之前并不认识我,第一次见面,周一良先生就说了我的事,很奇怪。这都是后来王元化先生告诉我的,我在文章中写出来了。

南都:最初到复旦是个什么状况?

钱文忠:我到复旦就是到朱维铮先生创建的中国思想文化史研究室,这是隶属于复旦历史系的一个教研室。

朱先生在我即将进入复旦前的最后一次见面,依然是在历史系中国思想文化史研究室。朱先生略显疲惫地微笑着对我说:"文忠,你的问题总算解决了。我考虑了一下你进来以后的职称问题,今天和你谈谈。"谁能想象我听到这话时候的心情呢?能够重回高校,对于我来说已经是天外之喜了;我再愚钝、再不问,也知道朱先生为我做了多么大的努力,我哪里还会考虑"职称"之类的奢侈问题呢？朱先生接着说道："你的情况定助教低了，如果定不了讲师，我看能否先定个教员。"我之所以至今清楚地记得这段话，并非对职称之类有特别的兴趣，而是由于它彰显了朱先生"为人谋"之忠，即便是为了晚辈，以及心思之缜密。

南都：朱维铮先生对你有要求吗？

钱文忠：进了复旦以后，我想跟朱先生学经学史，读他的博士，他对学生很严，但慢慢也看出我大概对时下的一些东西没多大兴趣。我特别感念朱先生给了我很大的空间，感念他对我的理解。

南都：回归大学之后，除了授课还做哪些？

钱文忠：我主要开过佛教史、梵文、巴利文、中外文化交流史这几门课。20世纪90年代后半期，我还编了《陈寅恪印象》一书，当时陈寅恪很热，港台材料还不容易进来，复旦中文系的郜元宝教授在做这个事，我就汇集了很多港台的文章编了这本书。当时编了很多书，编的时候，我就有这样的意识：要把学者的东西传播开去,而不仅仅是在学术界内部流传。

还有翻译层面,我曾翻译杜维明先生的《道、学、政:论儒家知识分子》,这本书今年再版了。这项翻译是在王元化先生的建议下做的。

应该说,离开北大前我很用功。大言不惭地说,很多人说我聪明,但是我的用功别人不知道。季先生说一个人做学问,要"聪明人下笨功夫",我就是照这句话去做的。若是笨人下聪明功夫,那就完蛋了。当时有些书我为了读得仔细,整本整本手抄,一些底子应该就是那个时候打下的。

南都:你在《末那皈依》的后记中提到,2004到2005年的心境有了变化,具体怎么讲?

钱文忠:这个变化其实是从1986年我大二的彷徨开始到1996年我进入复旦,这就十年了;而在2005年左右,又一个十年过去了,情况完全是不一样了。很多想法更加进一步了,之前只是在报纸杂志上写文章,后来更多地去做普及的工作,更多地关注社会。

南都:有没有什么具体的例子?

钱文忠：2004年以后，我已经逐渐在电视上出现了，之前没露过面。我的轨迹比较清楚，最早在《北京大学学报》等学术刊物发文章，后来是《读书》，到1996年开始在《文汇读书周报》等报纸上发文章，到2004年就走向电视，慢慢地上了《百家讲坛》。

《百家讲坛》的因缘

南都：心迹的变化，也暗含着从印度学转到中国古代历史的研究？

钱文忠：是的。这个我是有考虑的。在《百家讲坛》最初讲玄奘就是讲一种精神和信仰。信仰当然是唯心主义的，但只有信仰才能产生最大的力量。2006年10月的一天，我接到《百家讲坛》执行主编王咏琴女士的电话，邀我去《百家讲坛》讲一次，看题目是否可以和《西游记》有关。11月间，我和《百家讲坛》的因缘就正式开始了。

当时的环境是，《百家讲坛》中，刘心武先生讲了

《红楼梦》，易中天先生讲了《三国》，节目组准备把四大名著全部讲完，准备从文学角度讲《西游记》，但我把它讲成了一个真实的历史。这个真实的历史，恰恰是由一位有坚定信仰的僧人完成的。鲁迅也曾肯定过玄奘。

我后来又有一个考虑，就是要从传统文化当中汲取一些有益的资源。而这种传统文化的再普及应该是一个全民的启蒙，不一定仅仅针对孩子。所以后来讲了《三字经》《弟子规》，现在讲《百家姓》。所以说，发展到后来在《百家讲坛》做传统文化的再普及，背后是有一个清晰的脉络的，我也是有考量的。

南都：你讲玄奘的时候是不是还要回去梳理史料？

钱文忠：应该说当年的专业训练对付这个还是有把握的，相关的史料都很熟，基本就很顺了。这个是佛教史，原来自己专业领域内的，当年受过训练，也下过功夫。

南都：你以前说梵文这门学科应该是以其为用，但是季先生是以其为体了，怎么来看它的发展历史？

钱文忠：陈寅恪先生当年学梵文是用它来解决他所关心的中国史的问题，但季先生是直接用它解决印度本土的问题，这个不一样。一门学科的发展一定是这样的，当初是把它当工具，到后来就会对这个工具的本身产生兴趣，就会进入到工具本身里面。

中国的梵文巴利文研究现在发展得非常好，尤其是北大东方语系梵巴语教研室的段晴、王邦维两位先生，他们都是季先生的学生，在北大做得非常好。现在有很多年轻学生，都非常优秀，他们的大作我基本都拜读，但是，我跟他们的交流很少了。

南都：他们算是已经接过季先生的衣钵了吗？

钱文忠：当然，当然，绝对比我强百倍。这是真话。如果我的学习过程没有被打断，那我自以为是不会输给他们的。但是就现在来讲，就梵文研究领域，他们强我百倍都不止，这是实话。季先生的学术传统是在北大流传下来了的。我完全谈不上，因为我偏离了。

南都：但是你的基本功还在这儿，有点遗憾？

钱文忠：会有点基本功，包括家庭的教养，后来师从季先生所学。但是现在做的学术普及工作,本身也很难。我现在越来越觉得难,比我学梵文的时候还要难。学术普及工作需要另外一种功力:面对听众的时候,怎么让他们听进去,这个很难。梵文研究领域则不需要,文章往那儿一放,懂的就懂,不懂的就不懂。

我现在岁数还不大,会集中精力做一段普及的工作。这是一种责任或者一种担当。我自己很清楚地知道,再过一段时间我还会回去做非常冷僻的、专门的题目,我也一直在作准备。比如,我想把中国思想史和中国佛教史用一种通俗易懂的方式写下来。我都写了两稿了,很难。

很多学者看我在《百家讲坛》做学术普及工作,觉得可惜、浪费,有的人觉得活该,或是说我要追逐一些世俗的名声。他们说我是可惜了,这是对我的厚爱;说浪费了,这是把我看得太高了;说我是追逐世俗的名声,我也完全理解,因为我确实得到了世俗的名声,这是事实,不能否认。这我都理解。但是这些批评都忽略了学术普及工作更是一种挑战。我是做了这个工作,我知道甘苦。

同题问答

对你影响最大的书有哪几本？

我最怕回答类似开书单之类的问题，我是相信"开卷有益"的。书，只要读过，总会对自己有影响。非要问"影响最大的"，那么，除了公认的古典，中国现代学者王国维、陈寅恪、钱穆、汤用彤等先生的著作，我不仅精读过，而且还反复精读过，现在也随时会拿起来读。可以说，我是下过一些笨功夫、死功夫的。国外学者的重要著作，我也读过一些，有的也下过些功夫。

你认为，要做好学问，最重要的是什么？

真正的、由衷的兴趣和喜爱，要有寻幽探险、从容含玩的心境。此外，尽量不要将学问仅仅看作是达到某个目的的工具或者敲门砖，做学问本身就是自己选择的生命方式，就是目的。

你个人最满意的著作是哪一本？

没有。岂止是不满意,而且是极其不满意。我想,我不会对自己的文字感到满意的。

研究工作要经常到深夜吗?工作习惯是怎样的?

我习惯晚睡早起,特别安安静静、自由自在地随意、随性阅读,一个人发发呆。

学术研究之外,有什么业余爱好?

除了和书有关的,我还真说不上有什么其他的爱好。

(2013 年 8 月 29 日)

陆建德：文学批评从来不是单纯的文学批评，纯文学是不存在的

李昶伟

陆建德，浙江海宁人，生于杭州，1982年毕业于复旦大学外文系，同年获国家教委留学基金资助赴英留学，1990年获剑桥大学博士学位，到中国社会科学院外国文学研究所工作，2010年调至文学研究所。著有《麻雀啁啾》《破碎思想体系的残编》《思想背后的利益》《潜行乌贼》等，另有译作若干，主编五卷本《艾略特文集》。

萨义德说，出入于不同的文化之间是一种福分。陆建德说自己对此深有同感。出入于英语与中文两种文化传统之间，陆建德感慨另一种传统带来的参照眼光意义重大。他记得在复旦读书的时候读奥威尔的《动物农场》，对小说里的老马生出同情，"我那时已经二十好几的人了，心里有点奇怪，怎么自己会被动物的命运打动？那是一种新的感觉，为此我永远感激奥威尔"。

英伦文化深深影响了这位学者。给他打电话写邮件，陆先生总是温文尔雅、礼貌周全，一派英伦绅士的风度，但一进行起本行的文学批评，陆先生也毫不含糊。"文学批评从来不是单纯的文学批评。"在陆建德看来，文学批评家同时怀抱强烈的社会责任感，这是从约翰逊博士以来的英国文化传统。他说，他写的很多文章，谈的看起来都是英国、美国这些西方国家的事，但其实心底里想的都是中国的现实处境。

从社科院外文所到文学所，陆建德从社科院大楼的十一层搬到了七层，但两个文化之间彼此参照、探究的步伐一直不曾中断,这几年反而更深入地进入到近代史的研究。一个人应该出入于不同文化之间,陆建德的一个比喻是,就像一棵大树,根系能够自由伸展到其他地方去,汲取不同的养料,而不是局限在一个很小的范围里面。

复旦求学与留学剑桥

南都:在你的文章中似乎很少见到你回忆过往读书求学的经历,你应该是七八级复旦大学英语系的毕业生吧?

陆建德:对,我初中毕业后在社会上待的时间比较多一些,1978年进校,1982年毕业,后来就考试,1983年就去剑桥留学了,经历比较简单,1990年博士毕业回国,到社科院外文所工作。进大学之前有一些自己读书、学外语的经历。

南都:在复旦的时候陆谷孙先生也教过你?

陆建德:陆谷孙先生是我的老师辈,那时候他教的课非常受欢迎，教室里可以说人满为患，我去听过。陆先生讲课很投入，有迷人风度，英语词汇量极大，口语流利，善用短语，可惜他没有给七八级正式开过课。听说陆先生现在还给本科生上课，这是非常感人的。

当时复旦还有不少好老师，圣约翰大学毕业的居多，譬如曹又霖先生。他从来不写（而且可能也不会写）我们现在所理解的论文。曹老师对英语文本有着非常细腻的体会，他在精读课上带我们读小说，读作品，一点点读，同时不断地问"为什么"，让我们意识到文字背后复杂的人情世故和背景知识。

那时还有来自英国、美国的老师，他们授课任务重，与学生的交往多，经常借书给我们看。老一辈的中国学者有伍蠡甫、葛传椝、杨岂深等，他们都带研究生，随时可以请教。有一位教过我们的老先生叫潘世兹，原是圣约翰大学教授。他家在长乐路有一栋大房子，叫"宝礼堂"，是有名的藏书楼。他父亲藏有一百多部宋元版本的古籍，抗战时这些国宝级的文物由英国军舰运到香港汇丰银行保存，中华人民共和国成立后潘世兹先生把所有这些图书（还有很多瓷器）捐给北京的国家图书馆。潘先生是外文系的英语教授，兼复旦图书馆馆长，他真是一位非常可爱的人物。教过我们的还有索天章、孙骊及其夫人巫漪云教授。

我现在还与丁兆敏老师有联系，她待学生非常热情。我那套郑振铎《插图本中国文学史》（1957年作家出版社出版）还是丁老师前年送给我的。我在20世纪70年代初自学英文，用的是徐燕谋先生主编的《大学英语》第七、八册，实际上是贪心，根本没学好。进复旦后，徐燕谋先生还健在，但是身体不好，不参加系里的学术活动，我从未见过。徐燕谋先生中文根底厚实，是钱锺书先生的诗友。陆谷孙先生是徐先生的高足，在中文的造诣上是有传承的。

南都：你作为一个成长于毛泽东时代从社会主义国家出去的年轻人，在1983年去英国剑桥大学留学的经历中有没有让你感触特别深的记忆？

陆建德：你说的"社会主义"并没有渗透到我们的日常生活之中，有时候就是名义而已，不是很重要。留学生到了英国以后,大家看到一些很不能理解的事情,比如英国学生经常组织慈善活动。我所在的达尔文学院有位叫温迪的女生报名参加伦敦马拉松赛,目的是要为非洲某一个地方的医务室募集资金买一台心电图机,她去比赛,只求跑完全程,名次无所谓。出发前她在学院的信息板上贴出一张大纸条,希望大家热心支持,写下名字和捐助的金额。但是中国学生对这些慈善活动不大感兴趣,很少参与。也许我们以为自己国家的政府在做这些事情,个人没有什么责任。

南都:在英国的专业训练对你最大的影响是什么?

陆建德:我大学是读外文系的英语语言文学,留学主要也是学英国文学,当然兴趣有时候又不完全局限在那里。我做的博士论文是关于利维斯的,他是剑桥20世纪的批评家。英国读博士不需要学分,只要通过博士论文即可,不像在美国读博士那样辛苦。换句话说,美国大学对博士学位候选人的专业基础有更高的要求。

我在剑桥可以随便听课(都是为本科生开的)或参加讨论会(seminar,主要由研究生参加),自由得很,经常见导师，谈读书心得，交作业（或长或短的文章）。写不出东西来的时候会很焦虑。剑桥的本科生教育是值得羡慕的，通过英国文学的本科生考试（tripos）非常难，那些考卷体现了剑桥英文系的传统。外国学生没有经过这一阶段的磨炼和考验，很可惜，所谓的"专业训练"打了很大的折扣，也可以说是占便宜了，是有点难为情的。不过英文系博士论文有较高的淘汰率，虽然学位并不能说明任何问题。

最大的影响究竟是什么不大说得出来，也许是学会一种说话方式吧。

南都：20世纪90年代你回到社科院外文所时是什么状况？社科院当时不少老先生都还在吗？

陆建德：我到外文所报到是1990年秋，过了1991年元旦上班，当时冯至先生已经退休了，他有时回到所里开会，因此也见得到。卞之琳先生见得多一些。2000年12月，所里准备趁《卞之琳译文集》出版要为他做九十大寿，想不到他12月2日去世了，结果生日庆贺变成了追思会。那个会还是我主持的，至今仍记得卞先生学生辈的两位老翻译家的发言。

戈宝权先生也是在那年去世的。90年代的时候外文所英美室的好几位先生（董衡巽、薛鸿时、郑土生）常去钱锺书先生家，上班时经常说到钱、杨两位，但我从来没有表示想去拜见他们。一方面，不好意思占用他们的时间，另一方面，也觉得自己学问不够，没有能力跟钱先生对话。回想起来非常遗憾，从未见过钱先生。后来因外文所的工作关系经常见杨绛先生，听她讲话真是一种乐趣。调到文学所以后就不大见她了。袁可嘉先生比较熟，他大概在1996年去了美国。他每次回国的时候，只要身体允许，就会回到所里看看，我们也去看望他。

南都：英语文学中对你触动比较大的是什么？

陆建德：有个认识是可以谈的，那就是文学批评从来不是单纯的文学批评，所谓的纯文学是不存在的。批评家无形中有着社会责任，对文学的关心也是对语言品质的关心，对产生这种文学的社会和文化的关心。我自己在读英国文学和相关的批评时发现，道德关怀从来没有间断过，人们很少就文学来谈文学。把文学看作一种独立于社会与历史的创作活动来欣赏，这种传统好像在英国看起来不是很明显。

英语文学和中国文学其实是相通的，不存在本质上的隔阂。小说创造出一个一个虚构的可能的世界，但它们跟现实生活实际上联系特别紧密。人们阅读小说的时候，总是把自己的生活经验也带进去，同时又试图超越这些经验。一个人生活阅历再丰富也是有限的，但是通过小说可以进入很多不同的世界、很多人物的内心。

19世纪英国批评家阿诺德就主张把文学批评理解为关于"应该如何生活"的讨论。怎么生活，其实没有简单的答案。但是认识到这个问题的重要性，与每个人都有关联，是非常有意义的。我自己觉得读英国文学或外国文学，收获还是蛮多的。再回过头来看中国文学，有时候会有一些新的比较的眼光。

在中国研究英语文学要有本土意识

南都：这种比较的眼光是怎样的？具体如何作用？

陆建德：我们读外国文学的时候，其实无形中带着已经读过的中国文学提供给我们的参照体系。阅读过程也是一直不断地互相参照的过程。参照眼光对个人成长的作用特别大。

一个人可能一直属于某个文化，但是要对这文化有更深的认识，需要保持一点距离，有时候要通过陌生人的眼睛来回观自己，这就是我们说的他者的眼光。没有离开过家乡的人未必知道家乡的特点。进入20世纪以后，传统意义上的学者对其他的文化也有亲密的接触，比如陈寅恪、王国维，他们自己国学功夫非常好，强调自己文化的本位，但是又积极地、创造性地借鉴了其他国家的文化，最终又给自己的文化带来新的境界，比如王国维的境界说。

南都：所以你觉得还是要有本土的意识？

陆建德：在中国研究英国文学，或者英语文学，总是希望它和中国这块特殊的土壤发生某种关系。并不是说我研究英国文学，然后就跟英国人的兴趣一模一样。从来不是这样。我并不排斥这种差别，不过也不想过分强调这种差别。我觉得生活在中国，有一种本土的感觉，有时候也许是另外一种资源，会带着新的问题意识去读一些作品。以我的理解，本土意识并不是处处要为一切中国的东西辩护。

这个问题意识，可能是英国人不会想到的，或者说，他们即便想到也不大会重视。当然这种问题有时候也不能讲得太直露，让会心的读者看了笑一笑就好了，但是这种关怀需要存在。我回国以后给国内有些杂志（比如《世界文学》《读书》等）写文章，希望谈的内容可能是外国的，但是跟本国的文化和我们现今整个社会的状况是暗中相通的。

南都：具体来讲，你的治学经验当中个人比较推崇的方法是什么？

陆建德：在文学上我是比较相信细读的，因为我觉得作家写得很好的东西，不是在结构框架上，而是在无数的细节之中。我在《高悬的画布——不带理论的旅行》前言中写到要像纳博科夫那样"拥抱全部细节"。阅读好的作品，读几遍也不觉其烦，因为注意到了以往可能忽略掉了的细节。一个人是否有趣，就要看是否善于抓这些细节。好的作品，其实都是有无数这种有趣的细节的。细读是能力，也是一种训练，因为你会通过细读来分析、批评，也会通过细读来感受、欣赏。阅读时必须使自己处于比较警戒的状态，而不是被表面的词语牵着走。正是在这个意义上我非常赞成王蒙对快速浏览的批评。我还谈不上有"治学经验"，也没有特别推崇的"方法"，这与我的狭隘、我对理论的偏见有关。但是我相信文学作品是社会和历史进程的产物，某种程度上是社会生产的结果，就此而言马克思主义的视角总是大有帮助的。

南都：你近两年来转向中国近代史的研究，对近代史的研究和之前的研究感觉距离蛮远的，这中间的契机是什么？

陆建德：其实要说远也不远，因为在《破碎思想体系的残编》里面，我有一篇文章，题目叫《伯克论自由》。我写的是英国18世纪后半叶的政治思想家伯克，介绍他怎么谈论自由，其实我写的时候有着中国的背景。法国革命爆发后，英国就面临着一个问题：应该怎样进行改革。改革的路数实际上是多样的，我以为在今日的语境下自己是一个渐进主义者，也许稳妥的渐进不会给社会带来太多的伤痛。正如习近平同志所说，中国近代史特别值得一看，要认识一个现代性的国家，它具有什么样的特点，从整个近代史看过来以后，就会觉得中国真正需要的是什么。确确实实的"治理"非常重要，英文govern是统治，但也是治理，government（政府）也意味着治理。

近代史转向：我是一个渐进主义者

南都：伯克对激进革命的反对是空前的，你为什么觉得渐进是更好的方案？

陆建德：如果我们说这个社会没有问题，那就是昏话，社会存在的问题太多了。但是我们要想好，要有一个比较稳妥的办法来做，以往这方面的考虑够吗？伯克的思路对我们来说是比较陌生的。我不相信他对法国革命的批判处处都对，但是他让我们意识到思想资源的多元性，意识到中国面对种种问题必须有自己独特的解决方法。伯克批评法国，但是不向法国人推荐英国模式，他知道英国模式是特殊的历史产物，不可能重复。每个国家都有自己的国情，甲地行之有效的办法未必能在乙地见效。照伯克的话来说，法国人的解决办法就是把父亲杀了，然后以为自己从此就完全是新的了。

法国在革命以后很长时间都不得安宁，几起几落，和英国式的渐进相比，损失太大。我自己是这样看的：假如一个盒子出了问题，一个革命家说，把这个盒子完全推翻，重新来过，盒子里装的东西是不是会被打破，不必考虑。我不会这样。我们首先要问：能用什么手段把这个盒子修补好并使之能够更好地尽它盒子的功能？后面这一种问题的提法就体现出渐进、改良的态度，以前考虑得比较少，跟政治能力低下有直接的联系，即遇事不能妥协、协商。前面那种自信的断言是革命的态度。

南都：你对中国近代具体问题的直接书写是这两年的事，譬如写林纾的文章、梳理近代中国学潮的文章。这里面你的梳理发现和我们先前的认识很不一样，譬如林纾一直被认为是顽固保守派的代表。

陆建德：晚清的核心问题就是中国应该怎样改革，林琴南实际上也是主张变革的，但是他总是希望能够新旧融合，在学问、实业上下功夫，不要为一些无用的概念所迷惑。他对自己的国家抱着一种善意的敬畏，不希望她经受太多的苦难。他担心激进派实际上是被外国（日本）所利用了，内斗会让渔翁得利，这是有根据的。他有国际的眼光，也抵制新文化运动期间一些比较极端的言论（比如说要废除汉字）。当然后来有幸的是我们的文字传统还是保留下来了，但是那种抵制激进的声音是应该有的，如果没有那种声音来制衡，绝对自我否定的文化进程会极其可怕。

他的声音可能是比较保守一点，但是"保守"不应该是一个被完全妖魔化的词语。到了1911年以后，林纾对共和国也想支持，但是后面争权夺利、不顾大局的情况让他太失望了，每一家都是在争夺权力，根本不考虑国家的利益。在这种情况下，他每年清明拜祭光绪，以此表达对一个统一国家的渴望。我并不会称他"遗老"，根本不是的。他对中国知识分子的很多传统也有反思，有很多积极的意义。原来的中国近代政治思想史总是突出比如邹容、章太炎这些激进的人士，完全排斥与他们见解不同的人物，只留下鲁莽灭裂的思想资源会导致资源的贫乏和社会的不稳定，要允许一些不那么激进的思想资源存在，以保护思想的生态。所以写林纾也是一种意愿，想重新来解释他，也可以理解为是翻案文章。

南都：你是从什么时候开始形成前面说的渐进主义的立场的？

陆建德：在一定程度上跟我读的英国文学有关系。

读英国文学的人很少会成为一个极端激进主义者，我不大知道中国有没有，好像不大会有。我承认这是我的短处。比如钱锺书先生就会说"要跟人生讲和"，有的人喜欢说"我不入地狱谁入地狱""我是普罗米修斯，我为大家""我是一个失意的英雄"。钱先生很不喜欢这种自以为是的情调，他劝那些人不要老是叫骂，还是得跟生活讲和。我看到钱先生的讽刺不免生出同感，可能是自己没什么出息，要敢于跟生活抗争才好。然而抗争是为了一个无私的目的，还是出于其他动机？英国文学不大相信刻意追求殉道的人，作家会对那些人的私心比较敏感，会怀疑他们是不是拿所谓的崇高事业为自己的虚荣心服务。假的殉道者在现实生活里经常看到，他们好像在扮演一个敢于牺牲自我的角色，实际上不是那么一回事，自我非常庞大。我从20世纪80年代开始一直是这样认为的。

我宁可做一些专题的研究

南都:"要和人生讲和"似乎不是中国知识分子的传统?

陆建德:有的中国文人比较自恋,爱把自己跟社会对立起来,"卓尔不群""超然独处",诸如此类自我欣赏的成语有一大堆。如果相信一己独好,世界整个都不好,那么你就不会用比较心平气和的眼光来看周围的人和事,不会发现别人的长处、自己的短处。中国传统文学里常见这种态度,习惯于这种模式的自我表述,那么与人共同相处的能力也会显得差一些,政治能力也就萎顿了。对这样的现象要敢于揭示;对伟大的诗人,要敢于和他们对话,甚至是批评性的对话。中国社会到了晚清一盘散沙,显得不堪一击,原因很复杂,文人并不是没有责任。他们总是太把自己当回事,想把自己打扮起来,比喻成最好的东西,比如说梅、兰、竹、菊四君子,其实往往把自己与道德理想等同起来了，归根结底还是在抱怨，谈自己如何美好，不受重用。我们应该有更强大的文化、更强大的人格，在这文化的共同体中，个人是群体里面的一员，而不是游离于群体之外一个哭哭啼啼的"孤魂"。

南都：从《破碎思想体系的残编》到《思想背后的利益》等几本书，都是你的文章结集，有不少长文涉及对重要作家、思想家的整体把握和解读，思想密度很大。

陆建德：也不一定。所谓的"密度大"可能是思维不够严谨，或问题未能完全展开。有的作家、作品国内以前没人谈过，谈一谈还是有点意思。我回国后写的文章，比较零散，不成系统。我倒不是说一定要构筑体系才好，不是那个意思。有一个比较宽泛一点的主题也好，而我没有。这是缺憾。说来很羞愧，在英国文学方面，除了博士论文，我没写过专著，现在有个艾略特戏剧研究方面的社科基金项目，给自己一点压力也好。

有人曾经跟我说，你要不要写一本八万字的英国文学史，字数再多一点也可以。我毫无信心，很多作品没有读过，怎么写？最终要用其他人写的英国文学史作为参照。书也许写出来了，但是作者的独到见解或贡献可能是非常有限的。于是我不敢答应。我宁可做一些专题的研究，而且写这样的文章也是接受挑战。这是为自己的散漫辩护，很要不得啊！《破碎思想体系的残编》这样的集子，回过头来看显得比较乱，书名有后现代的味道，没有一个特别明确的焦点。在外国文学这个领域，有不少学者实际上都做得比我出色。每个人都有自己的特点和读书的方式，有时候跟性格也有关系，没有办法，最终是怎么样就怎么样。翻译和编辑的工作都做过一点，《艾略特文集》还算不错。最近几年在编杂志上费心多一些。

南都：如果用伯林的比喻，你觉得你是刺猬型的知识分子还是狐狸型的？

陆建德：我没这么了不起，比什么都不合适。我仅仅是一个读书人而已，书读得也不是特别好。有时候我想，如果有一些新见就好，我希望能够不断提出一些有挑战性的新问题，使得原本的思维定式能够稍微变一变，学术研究永远需要这种活力。在文学所里我无非承担了一些行政工作而已,能够为大家提供服务就提供服务,很多同事的学问都做得很好,能与他们共事确实是值得骄傲的。

南都:你觉得做学术一个比较理想的境界是什么样的?

陆建德:理想境界是安静地坐在一个巨大的阅览室里读书,像马克思那样。这个场景给人以坚实的学术传统、学术共同体的感觉。但是在这个阅览室里,每个人都是平等的,读者与读者、读者与作者可以开诚布公地对话,绝不会因对话的批评性而反目、记恨。读书的乐趣就在于这种生生不息的对话。

同题问答

对你影响最大的书有哪几本?

实在答不出来。

你个人最满意的作品是哪一部?

我对自己不满意,好的书还没有写出来。

你工作习惯是怎样的?

平时总是很忙,缺少静下心来做研究的时间。晚上睡得很晚,早上不睡懒觉。

学术之余有什么爱好?

经常读读闲书,遛狗,跟狗说人话。

(2013 年 10 月 10 日)

戴锦华：以电影学为"根据地"，在"游击战"中拓宽学术疆域

赵大伟

戴锦华，北京大学教授、博士生导师。1959年生于北京。1982年毕业于北京大学中文系，后任教于北京电影学院电影文学系。1993年调入北京大学比较文学与比较文化研究所。专注于中国电影史、大众文化研究以及女性文学研究。著有《浮出历史地表——现代妇女文学研究》（与孟悦合著）（以下简称《浮出历史

地表》)、《隐形书写——90年代中国文化研究》、《涉渡之舟——新时期中国女性写作与女性文化》（以下简称《涉渡之舟》）、《雾中风景：中国电影文化1978—1998》等。

"我一辈子没在上课时抽过烟，"戴锦华强调说。中学时期就开始"故作叛逆"学抽烟的戴锦华，高大健谈，深受学生仰慕，但她上课时吞云吐雾这点却是误传，"学生都知道我是臭名昭著的拖堂，但是我从不占用课间休息，因为我要跑出去抽烟"。

采访戴锦华时，她的烟没断过。她刚刚从釜山电影节回来，作为中国电影研究、性别研究和文化研究三个学科的拓荒者，她是目前国内最具权威的电影评论人。釜山电影节之行，她最在意的就是即将上映的贾樟柯的电影《天注定》。"比我想象的要好很多。"她说。

"我的记忆力现在开始衰退了。"戴锦华现在看书、看电影都需要做笔记，要不然就忘记了。看过的小说和看过的电影留下了"一种色调和基调，但是细节记不住了"，这样的结果是，写东西更加深思熟虑。而年轻时的她过目不忘，写文章、做研究几乎一气呵成。"不是我不明白，世界变化快。"她笑说。

从高中开始很长一段时间，戴锦华要求自己只睡四个小时，"现在想起来有点可笑，只因为说周恩来只睡五个小时，后来看到拿破仑睡得更少"。年轻时的她觉得不应该惯着自己，更应该勉励自己，苛刻的要求似乎也是她后来成就的注解之一。直到1987年，一场重病几乎让她"九死一生"。

女性主义对我首先是个人生命经验

南都：1978年考到北大，选择中文系是你自己的意愿？

戴锦华：是我强烈的意愿。当时我报考大学的时候，几乎所有的成年人都仍然坚信"文艺危险"，就觉得这是一种找死的活法。我在理科方面也算强，刚刚恢复的一些竞赛还会得一些名次，只有少数的老师支持我报考文科。最后，我认定这辈子还是该去做自己热爱和擅长的事吧，结果从理科班报考了文科。

南都：家庭环境对你的专业选择有影响吗？

戴锦华：我妈妈是小学的语文老师，爸爸是文学爱好者，对我影响很大。坦率地说，北大四年时间，应该说奠定了我整个生命的底色。当时许多德高望重的老师都在一线教学，像林庚先生给我们讲《楚辞》——那是我最爱的课，上他的课经常会记笔记记到手指抽筋。

南都：但本科时期对如何走上学术道路了解应该不多吧？

戴锦华：那时很少谈学术，热衷谈思想。但开始读大学不久，我已经下决心以后要在大学里教书。当时的想法很简单，也幼稚，一个是觉得"自由价更高"，相对来说，大学里面有时间的自由和思想的自由——当然，思想的自由是没人能剥夺的。另外，当时环境下，我们最恐惧的是变得衰老和保守，我想象，如果始终能和年轻人在一起，抗拒精神衰老的机会会多一些。当时我也比较清醒地意识到，如果"搞"创作——写诗，写小说，我可以，但恐怕最终不入流；如果去做研究性的工作，我对自己还保有期许。

南都：你出版的第一部作品《浮出历史地表》开始关注女性主义研究，起因是什么？

戴锦华：我的本科毕业论文写的是女作家研究，比较早地关注女性主义和女作家，原因说过很多次啦——长得太高，作为一个女性比绝大多数男性都高，因此有很痛苦的成长经验。再加上我讲话快、脾气直，所有这些都会被指认为"不像女人"。

我一直说女性主义对我首先不是理论，而是个人生命经验的需要。了解性别在整个社会结构中的位置和意义，是为自己解惑。写《浮出历史地表》的起因颇偶然，20世纪80年代中期，突然开始要求大学毕业生去到农村参加讲师团——形式介乎思想改造和扶贫之间，孟悦当时参加讲师团在河南结识了李小江老师，当时李小江正在组织一套"妇女研究丛书"，她就替我认领了一本。

南都：这本书是你跟孟悦合写的，书稿你们如何分工？

戴锦华：我跟孟悦是同班、同屋，她帮我认领了这本书后，我又反过来拉上她，当时分工是说她写历史线索，我写作家作品论。但是接下来我就大病一场，几乎一命呜呼。经历九死一生，极大地改变了我对生命的看法。那是1987年，我二十八岁，发现时已经是三期肺痨，诱发多脏器衰竭，到了死神门口了。住进结核病医院三个月之后，医生才对我可能治愈表达了乐观，六个月之后病情开始好转，八个月之后，我自动出院。这之后我变化很大，不再野心勃勃、急功近利，明白了，生命是一个极为朴素和脆弱的过程。

到我出院时，《浮出历史地表》已临近截稿了，没人会催我，大家还在为我活下来了而欢欣鼓舞。最后，《浮出历史地表》我只写了几章，尽管全书的布局、作家的选择乃至具体评价是我们共同讨论的。

关于这本书有一个插曲。初到电影学院，我在图书馆的一堆私人赠书中第一次读到了张爱玲和苏青，当时国内几乎没有任何关于她们的资料，我一度真以为我"发现"了张爱玲和苏青，当然书中这两个章节也是我写的。书出版后不久，张爱玲变得大热，我常开玩笑说，我又一次在不自觉间做了一回大时代的俗人。

南都：1987年你们在北影创立了电影史论专业，应该非常辛苦吧？

戴锦华：那时候梦想大，对自己的期许也高，一天工作十几个小时是常态。自己做翻译、写作、教学；开设新专业，要自己编写教材；当然，还要出席各种会议。发病前持续感到极度疲倦，我以为这是很自然的事。

南都：1982年大学毕业分配到北京电影学院，在那样一个很热闹的时代，你如何和电影结缘？

戴锦华：毕业的时候，我的同学都抱有直接参加社会变革的热望，所以报社、出版社是首选，大学教职是等而下之的选项。而我一方面非常明确地想去大学任教；另一方面，的确想与社会实践性的东西保持某种距离，以为在相对距离之外会有更多的思考空间和自由。

去北影完全是别无选择。当时我喜欢各种艺术门类，唯独蔑视电影，加上当时的北影完全不见经传，去得可谓勉强，但事实上这成了我一生最大的幸运。初到北影，暑期里举办第一届全国高校电影进修班——

今天很多大学里面的电影专业的领军人物可能就是那个班里的学员吧,我作为助教,任务是坐公共汽车到北京各处给主讲老师送票,收获是拥有了一整套电影观摩票。到任教的第一学期,我大概连续看了一百多部世界电影史上的名片,名副其实地叫做"falling in love with cinema"(与电影坠入爱河),一往情深。

我的学术道路基本是逆推式的

南都:最初在北影上什么课?

戴锦华:当时我的主课是艺术概论,也兼任各种文学课,成了包打天下的"万金油"。后来我统计过我在电影学院的课程:三十几门形形色色的课吧。同时以极大的热情跑去导演系、摄影系、录音系疯狂听课,尝试学电影。当时也就有十几本关于电影的书,一两个月下来就苦于无书可读。跑去北京图书馆查找外文书的时候,因为一本书的名字入眼,便借来复印了苦读。这是我的第二号幸运。这本名为 *Film Language:*

A Semiotics of the Cinema（《电影语言》）的英文书，正是现代电影理论的法国奠基人克里斯蒂安·麦茨的名著《电影表意散论》的英译版，是结构主义电影符号学的开山之作。以我的英语和理论水平，当然如捧天书。所谓阅读，是逐字查字典，一句一句地硬译。这本书奠定了我全部理论与学术的基础和底色。盲打误撞，落在正确的起跳点上。

南都：你还曾提到《结构主义：莫斯科—布拉格—巴黎》在当时对你的影响也很大。

戴锦华：那本书不光是对我，对这一代人影响都很大。但我最早接触到"结构主义"，是因为乐黛云老师——她是我一生的偶像。那时候她最早到美国去访问，回来时带了几十箱书，当时是校园的美谈啊——崇拜里也有嫉妒。现在常有学生说起坐在窗台上听我的课，我当时是名副其实地在人满为患的礼堂里坐在窗台上听了乐老师的讲座，第一次听到了"结构主义"这个名词。

但当初选麦茨的书，并非由于"结构主义"，而是因为英译名：*Film Language*。当时整个人文社科界都处在渴望新语言的焦虑之中，《电影语言》之"语言"二字撞到我眼前来，除此之外根本不知此书是结构主义符号学名作。我自己的学术道路基本是逆推式，经由麦茨，返回到罗兰·巴特，最后追溯到费尔迪南·德·索绪尔。女性主义理论也是如此。有人说我是最早做女性主义文学批评的，但事实是我是从电影的性别研究，从劳拉·穆尔维等进入，逆推回波伏娃、奥康纳、西苏……另一边，追溯到拉康，逆推回弗洛伊德。

南都：十一年黄金的青春之后，1993年你离开了北影，为什么？

戴锦华：1988年乐黛云老师第一次和我提到回北大比较文学与比较文化研究所的时候，我基本不予考虑，那时我还在和电影学院及电影的蜜月之中。1992年邓小平南方谈话之后，整个社会为之欢欣鼓舞。我周围的人大都下海而去，剩下的也忙着拍影片、拍MTV、拍广告。我感到极为孤单，好像继续从事学术，不是愚蠢，便是荒诞。形而下地说，是学院没有人在授课了。经常我一天要上七节课，一周上五六天，回到家里感到自己就是一个空洞的皮囊，里面一无所有。到北大去看朋友，发现外面的变动对他们似乎没有太大的影响。千回百转之后，我就感伤地离开了北影。又一次没想到，这成了我再次的幸运机遇。

南都：这期间对学术的反思是什么？

戴锦华：整个在20世纪80年代，我们曾尊崇并梦想确立的意义和价值突然变换了嘴脸，自由的信念变身为欲望的哲学。而这类哲学对我，几乎是十足的恐怖主义。但是，当时我并没有找到真正的出路，只有以退为进了。

南都：如何以退为进？

戴锦华：一个是我再回到女性文学的研究和写作中（《涉渡之舟》），因为那是我个人的和亲切的"地方"。与此同时我自己几乎不自觉的一次转型——文化研究转型，却悄然开始了。其中的原因是，我一方面深感电影不再能从自身得到充分解释——我已经无法用电影的理论及逻辑来有效阐释文本的事实，而需要更大的语境、更多的参数;另一方面则是强烈地感觉到已经不再是电影或文学加入到中国这新一轮的剧变之中,相反是一些更为流行的文化与现象。比如说"渴望冲击波"、毛泽东热、文化怀旧等。而要分析类似文化,需要理论、思路、方法上的调整和改变。

文化研究帮我打开学术生命的困局

南都:《涉渡之舟》继续在女性主义研究上延伸,你跟其中的女作家们有过接触吗?

戴锦华:很多是朋友啊。但这会违背我的"原则":尽量与艺术家,尤其是作为自己研究对象的艺术家保持适当的距离。但和作家们交往,有始料未及的快乐。在与光影声音创作的导演们交往良久之后,和作家们共处的快乐之一,是对同一媒介——语言媒介的分享。在这份快乐和我的"原则"之间,我保持了文本中心,而非传统的作家作品论的写作方法。

今天回看,《涉渡之舟》更像是记录了一个过程,而不像是一部完整的专著——一则是写作到完成的时间跨度较长,二则是在写作过程中自己的思考也在发生着变化。最先处理、研究戴厚英、张洁等女作家的作品时,我自觉尝试去整体性反思20世纪80年代,但显然,彼时彼地,还远没有获得能痛定思痛的空间。记忆中的痛感太直接,现实的焦虑也太强烈,因此很多社会与文化定位有失准确。诸如,如何区别政治精英主义与文化精英主义?如何思考理想主义与政治激进主义?怎样看待和处理当代中国的历史债务和遗产?很多时候,与其说是在反思,不如说是在自讼。

南都:女性主义文学研究还会继续吗?

戴锦华:原本的计划是继续做90年代到世纪之交的女性文学,也累积了四五个作家的专论。没有写下去的原因首先是兴趣点转移——我这一生可以说是任情任性,率性而为;其次是新生代女作家,诸如卫慧、棉棉等的作品开始呈现出不同的文化、市场与社会格局。一边是女性写作与勃兴中的新中产文化之间的重叠和错位,一边是我经常找不到自己的发言位置:对其中太多的,可以说丰富、可以称杂芜的东西,我很难单纯地站队、表态。简单地说,是不便支持又不便反对。我一度很深地徘徊在性别叙述之畔、之内的阶级表述及参数的相互抵牾和纠缠之中,也游移在单纯女性主义立场与更广泛的社会承担责任之间。最后,一个小秘密:作为一个文化研究者,我始终试图区分我的电影、文学研究和大众文化研究,因为在我心中,无法抹除某种意义上的审美评判原则。面对世纪之交的女性写作,我必须区别流行文本和我心目中的文学。结果是,我搁置了这个主题。我想,我还是会再度回访的。

南都:你到北大比较文学和比较文化研究所之后,乐黛云老师对你有要求吗?

戴锦华:当然有,就是发展自己。乐老师为我创造、争取所有必需的条件。当年乐老师在中国创建比较文学学科——很大程度上介入并影响了20世纪80年代的社会文化进程,到80年代后期,乐老师的理想,是使之成为中国的"法兰克福学派"——一个综合的多学科、跨学科、共融互动的领域。乐老师选中我,是瞩目于我的电影研究，但我转型文化研究，乐老师只有全力支持。正是乐老师扶助了文化研究工作室——应该说是中国第一个文化研究机构的建立。我获得过的几个学术奖是乐老师为我申报的，职称是乐老师敦促和玉成的。我此生再未遇到任何一位前辈可以像乐老师这样庇护、激励和扶助后人。她激励我，从不指责，更不会划界。

南都：成立文化研究工作室之后对你的研究起到了怎样的作用？

戴锦华：文化研究工作室始料未及地实现了我当年的梦想，与学生之间的高度互动，带动我不断刷新自己的知识，打开或转移自己的文化视野。1995年工作室成立，一方面我开设了文化研究的理论与实践课程，另一方面则是文化研究工作室每周与不同级次的学生、研究生共同讨论他们的文化——"喂养"并伴随他们成长的流行文化、亚文化，当然也包括高雅文化。总的来说，文化研究的整体诉求、思路和方法，拯救了战后人文学术的"贫穷"和困顿，打开了视野，拓展了疆域；而文化研究这门战后"显学"，事实上又始终处于某种边缘和尴尬的状态，在这轮高度学科化的浪潮中尤其如此。对我来说，抛开人文与社会、学术与社会实践的命题不论，文化研究的学院力量在于跨学科。以某一学科为"根据地"——对我，始终是电影学，不断在"游击战"中打破壁垒，拓展疆域。你永远无法去定义何为"文化研究学者"。文化研究曾帮我打开电影学研究及我个人学术生命的困局，让我再次记忆并实践自己选择学术生涯的初衷。

因此，文化研究开始在东亚，包括中国，学科化的过程，我几乎没有从中获得动力。说过了，文化研究于我的意义是跨学科，借助不同学科的范式，激活文化的力量。一旦你自己成了学科，就意味着你要规范、定义自己的研究对象、研究方法，这可能是画地为牢，或难免买椟还珠。

南都：没法突破这个矛盾？

戴锦华：我自己的选择是双向的：一边是我将自己的文化研究拓展到第三世界研究、全球社会运动研究和参与之中；另一边我以新的方式重回电影研究和电影学。新的"光影"系列年书的编纂就是后者的结果。一进一退,是为了保持文化研究的张力,拒绝学科化对其张力的消解。

未完成的政治经济学转型

南都:近年来关注的方向是什么?

戴锦华:2000年之后十年间,主要是第三世界研究和考察。我跟着一些做社会科学的朋友,去了几十个亚非拉国家,不是飞往大城市留在大学的报告厅里,而是进入深山、丛林、乡村,见过不同的基层组织、民众团体,甚至游击队。我也去了中国的许多贫困山区,接触到特困人群。

为此,我编译了《蒙面骑士:墨西哥副司令马科斯文集》,写了一些关于中国农村妇女和第三世界国家研究的文章。最近不少人问起我为什么不再做学术,我很"委屈"啊。这中间其实极为"学术",我曾渴望完成政治经济学转型,这之间读书、思考密度之大,甚至超过了我学术起步的时候。必须承认，这个转型并未真正完成，因为在深入了政治学、经济学之后，我再度发现了它们自身的限定所在；真正的收获是，当我返回自己熟悉的领域和学科，我发现类似的过程的确已深深地丰富并延展我思考的天际线。

南都：但是出版的作品比较少是为什么？

戴锦华：几个原因吧。一个原因是这段时光的意义首先是个人的生命经验。改写一下鲁迅的说法吧，是为了走异乡行异路寻找别样的人们。出版《蒙面骑士》，也只是为了一种分享。我自己定位是，最高诉求是分享不同的思想资源，最低诉求则是分享自己的惊喜。在今天的世界——除了比尔·盖茨式的成功，还有另类人生也很精彩，但价值大不同。另一个原因是我自己不喜欢将一切转换为学院资本或道德自恋。对种种社会实践的介入参与，是因为某种不能自已，是因为不做心不安，所以不认为必须转换为学术生产的形式。参与到农村妇女、新乡村建设的活动的时候，我只是一名志愿者——和所有志愿者一样，我理解、同情、认同，但我不认为自己多读了几本书，就有资格指点江山。如果人们认识我，我愿意做任何事——给妇女小组讲电影或和支农大学生谈世界。如果没人认识我，那么我可以做杂事，很多杂事需要人做。很简单。近年来国际学术界也有新时髦，在人文类论文的结尾，说点 NGO（非政府组织）或社会运动，我不喜欢，他们不该将为改善自己生命的努力和抗争变为一种学术噱头。也想过写专著，但老实说，对我来说，类似题目不如其他选择更娴熟、更快乐。

南都：还有哪些"快乐"的书写作品？

戴锦华：的确有些惭愧，我电脑里至少有六部完成大半的书稿吧，都停在某个瓶颈状态上了：有的是既有理论的诱惑太强烈，找不到自己的突破点；有的的确是太率性了，兴趣转移，便弃置了。例子嘛，其中一本，是重访第四代、第五代、第六代电影导演，从"观视位置、方式"——简单地说是"看""看见"去谈三十年间主体位置的困境与演变。当然是从拉康的"眼睛、欲望和主体"开始。进而把他们放入到更大的国际语境中去，从文化史与个体经验的双重参数中讨论电影与电影史。诸如第四代导演和苏联解冻时期的电影、样板戏电影，当然也与"文革"历史有极为内在的关联；第五代导演与欧洲电影新浪潮、社会主义制片体制、自身插队落户的个人经验；第六代导演与后冷战、国际电影节、城市与市场。我会讨论中国电影的"非看之看"与"无主句"。再比如有十几万字的"吸血鬼电影研究"丢下了，曾很投入地做了两年。很多朋友问起，我的回答是：趁兴而来，尽兴而归。但只要假我以时日，我最终会交卷的。

同题问答

对你影响最大的书有哪几本？

克里斯蒂安·麦茨《电影表意散论》、詹明信《后现代主义与文化理论》、多丽丝·莱辛《金色笔记》、西蒙娜·波伏娃《第二性》。

你认为，要做好学问，最重要的是什么？

由衷地热爱，不忘初衷，定力。

你个人最满意的著作是哪一本？

《雾中风景：中国电影文化 1978—1998》。

研究工作要经常到深夜吗？工作习惯是怎样的？

年轻时代的工作习惯是通宵达旦；中年以后是黎明即起，保证每天有质量的写作时间。

学术研究之外，有什么爱好？

保持迷恋、游戏的能力和童心，DIY（自己动手做）一些小物件。

（2013 年 10 月 17 日）

江晓原：我的研究，常在方法和原料上有跨界

陈晓勤

江晓原，1955年生，上海交通大学特聘教授、博士生导师，现任科学史与科学文化研究院院长。恢复高考后考入南京大学天文系天体物理专业，1982年考入中国科学院自然科学史研究所，1988年成为中国第一个天文学史专业的博士，1999年调入上海交通大学，出任中国首个科学史系首任系主任。著有《天学真原》

《性张力下的中国人》等。

"我希望自己是一只愉快的老猫,可以在午后斜阳的书房中,在那些藏书和影碟中徜徉。"五十八岁的江晓原不止一次这样对人说。江晓原信奉万事随缘,正因如此,他爱好文学却走上天文学研究的道路。在别人看来是阴差阳错,但江晓原可以同时游走于天文学研究、性文化史研究,不到四十岁的他在20世纪90年代就评上了教授。

"很难说文科与理科哪块对我影响深。"江晓原说。这两种思维在他的生活、学术研究上经常融合在一起。比如,他自主设计了引以为豪的"老猫的书房"。书架参照了档案馆中的滑轨式密集架的设计,请来房屋设计人士和密集架设计人员共同商议并计算楼板承重,使八架与天花板齐高的双面书柜可以在其上静静滑动。他还会为家里六千部电影制作数据库,可以轻松找出他某一天看过的电影,以及写过的评论。再如他的学术论文《天狼星颜色问题》是利用古代资料解决现代理论问题,而《回天——武王伐纣与天文历史年代学》

（以下简称《武王伐纣》）和《正确的孔子诞辰：公元前552年10月9日》（以下简称《孔子诞辰》）是利用古代天象记录推算事件发生的年代。"我喜欢做别人没做过的东西。"江晓原说。他经常把甲学科的方法用到乙学科上，把甲学科常见的材料用到乙学科去，"这种在方法和材料上的跨界，从而体现出创新"。

纺织厂电工的阅读

南都：恢复高考后你考入南京大学天文系天体物理专业，为什么选择这个专业？

江晓原：我当时对这个专业没有任何认识，只是为了确保我不会再回到工厂。我十七岁刚初中毕业，因为"文革"学校不开学，那时没有高中，直接分配工作进工厂，我被分进了纺织厂当电工。六年电工生活对我来说很愉快，我一直坚持阅读，在工厂里处境也挺好，但我对这种生活有点腻，不想再过这样的生活。

我们家与大学没任何渊源，父亲是一般机关干部，母亲负责机关图书室书籍的采购。我考大学时没任何人指导我，不知道大学、专业是怎么回事，都是乱填的。我排除了工科与文科，选择了天体物理这个远离现实生活的纯理科的专业。我爸爸的同事后来告诉他，这是个顶级专业，"你儿子连高中都没念过，这种专业每年在上海只录取一到两名"。我父亲回来和我说没希望，我说没希望就再继续考吧。高考前我把高中的书借来自己学了一遍，结果考了挺高的分，考中了。像我这种没读过高中的，能考上二本就不错了，哪能报南京大学天文系，这是南京大学最好的专业。我真是不知天高地厚啊！（笑）

南都：初中学历考上大学，读天体物理专业，学习有困难吗？

江晓原：我考试侥幸发挥得好，实际上基础不好，大学第一年自己还是得补补课，毕竟天文系十九个同学，只有我没上过高中。我第一年回家，母亲看我变得很瘦，问我："是不是扛不住了，这学还能上吗？"我说，考试前的三个月我自学高中课程还同时在工厂上班，没有影响工作呢，现在好好地在那儿全力学习，怎么会不好呢？第二年起，我的基础就跟上了。

南都：回过头来看，你在工厂一直保持阅读的习惯，对于你参加高考以及后来的研究应该都有很大的影响。

江晓原：是的。在厂里有谚语，"紧车工，慢钳工，吊儿郎当小电工"。电工经常是游手好闲，技术越高越清闲，出故障一弄就完了，我完全可以继续保持阅读。我很快可以带徒弟，当班经常从头到尾什么都不需要干，只在电工房读书就行。有事情让徒弟处理，搞不定我才需要跑到现场。

南都：当时，主要读一些什么书？

江晓原：我六年读了不少书。主要是两部分，一部分是西方的文学作品，除了一些所谓的文学名著，也包括一大批当时内部出版的苏联作家的作品和政要的回忆录。当时内部出版这种书，不对公众开放，我有办法搞到这些书。中国的主要是看古典文学作品，我也有办法搞到，在那个时代只有少数幸运的人有。比起其他插队的人受到的磨炼，我倒没受过苦，能保持读书的状态。

1988年成为中国第一位天文学史博士

南都：你的专业天体物理专业，主要学些什么？这个学科在全国的情况怎样？

江晓原：除了南京大学，北京师范大学也有天文系，"大跃进"时建的。北京大学、中国科技大学在地球系下面有与天文有关的专业。全国学天文的学生只在这四个地方，招生很少。七七届的南京大学天文系招了十九个学生，最后十五人毕了业。我们同学很多都到国外去了，也有人改行了。国家天文台现任台长就是我们同届、同寝室的同学。我也不能算完全改行了，改了一点。

天体物理专业的学习内容基本是物理系理论物理专业的全部课程，再加上天文系的一些课程，课业极其繁重。理论物理专业是物理系里最顶级的专业，要学所谓"四大力学"：理论力学、电动力学、统计力学、量子力学。我们与理论物理专业的学生一起上课，天文系还会另外给天文系学生开课。天文系的学生负担很重，与学文科的同学完全不是一回事儿，学文科的同学偶尔过来玩玩，我们觉得他们游手好闲，我们却有永远做不完的习题。

南都：你于1982年考进了中国科学院自然科学史研究所，1988年成为第一位天文学史的博士，你当时立志要做天文学研究吗？

江晓原：没有。考研时，我原来要报考复旦大学中文系古典文学专业，先秦文学方向，我为这事努力了很久，但这个专业的导师生病临时取消招生，我突然没方向了，不知道报什么好。同寝室的同学告诉我说，看见一个很怪的专业，要考中国通史、古代汉语、天文学导论这三门课。"这三门对你来说不是很合适吗？"我当时还不知道导师席泽宗是个怎样的人，实际上他是中国整个科学史行业的泰斗。我想这三门课无疑把很多考生挡在门外，遇到我这样的怪人很合适，不用准备也能考，就报了。这心态与我考大学的心态类似，在人生最关键的选择上,我基本上都像胡闹一样处理,没有任何深思熟虑,随缘。所以我后来把我的"三十年集"取名《随缘集》。

南都:回头来看,有没有哪些对你影响比较大的老师?

江晓原:我报名后,系副主任和我说,席先生招生了三年,一个学生没招到,你报了也好,去试试。结果我就考上了。席泽宗老师是一位极富智慧的长者,是国内唯一靠搞科学史当上院士的,前几年故去了。我念他研究生时他当所长,对我完全放任,他知道我学习不需督促、不用操心,对我搞的事情持乐观其成的态度。考他的博士时我也还浑浑噩噩,我不知道自己适不适合搞科学史。我就对他说,你觉得我有潜力我就考,没潜力我也不下这功夫了。他对我说,我看你是有潜力的。我信任他,他说我有潜力我就考了,仍然很随缘。

1984年我研究生毕业时,当时上海天文台的台长叶叔华院士对我老师说,想要找一位天文学史的学生到她台里工作。当时我身上有两个通知书,一个是(上海天文台）职工入职通知书，另一个是博士入学通知书。1984年年底去天文台报到，1985年入学，这样我可以在职读书，享受比较好的工资福利。

用天文学方法推算"孔子诞辰"

南都：大家对天文学史可能不太了解，天文学史的研究方式与人文史学研究有什么不同？

江晓原：天文学史属于科学史的一种，所有科学技术的分类都可以找到对应的科学史研究领域。大体上来说，自然科学领域里比较大的门类，比如数、理、化、天、地、生，它们在科学史里也比较大。还有比较冷僻的，比如研究纺织、造纸、冶金的，也是专门的学问，这些学问在科学史里比较小，研究的人比较少，科学史界把这些小的学问统统归类到技术史里。一般来说，天文学史、物理学史、数学史，这几个学科研究的人比较多。化学史、生物地质史的研究者就比较少了。

天文学史一直是科学史里最强的学科，位置到现在还没有动摇。从大部分研究形态来看,科学史与历史学更接近,但它处理的部分不是一般历史学家能够处理的,它会围绕科学技术处理,要求研究者有科学知识的基本训练。我念研究生时,有条不成文的规定,科学史研究生招生必须是理工科学生。情况后来有所改变,20世纪90年代后,国际潮流开始盛行,这潮流是要关注科学技术和社会文化背景的关系,很多学文科的人进入科学史领域。顺应这个潮流,我1999年到上海交通大学创建科学史系时,招生不限文理。从这十几年来看,通过努力,(文理科的)界限是可以打破的。

南都:天文学史主要研究什么课题?

江晓原:对古代历法研究是比较大的一支,中国古代流传下来一百多部历法,表明我们历法有一个不断进步的过程,本身很值得研究。对历史上天文仪器的研究也是比较常见的课题。古人留下来的天文仪器,从全世界的角度看,数量是不多的。但每个仪器背后往往有丰富的文化含量。现在留下来的仪器被很多人拿来研究。还有一个非常大的分支,古代留下来各种各样的天象记录，对它们进行整理挖掘，可帮助解决现在的天文学、历史学等问题。国内学者在这方面的成绩在国际范围是比较突出的。

南都：你的关注点又在哪里呢？

江晓原：实际上我喜欢文科，但念了理科就不能白念。像我做的《天狼星颜色问题》是利用古代资料解决现代理论问题，它是我唯一为天体物理学这个专业贡献的一篇论文，第二年在西方有英文全译本出现，评价挺高。而《武王伐纣》和《孔子诞辰》，都是利用古代天象记录推算事件发生的年代。

譬如《孔子诞辰》，孔子到底哪年诞生？古代文献记载都不一致，说明这问题没有定论。很多现代人推算孔子生在哪一年，首先要知道孔子诞生的时代，他所在的鲁国是用什么历法。但历史文献没有留下这类记载，也不知道鲁国当时使用的历法的详细参数。我完全绕过鲁国历法的障碍，因为我在天文台工作过十五年，对天文界比较熟悉，孔子诞生前五十天发生过一次日食，我只要知道日食发生的时间，就可以知道孔子的诞辰。

推算日食的时间不需要依赖古代历法，运用现代天体力学的方法就可以推算。到了今天，公元前后三千年，共六千年间的所有日食、月食、八大行星在任何时候的位置，用天体力学都可以非常精确地算出来，很简单。

有一天，我完全偶然地在报纸上看到有人讨论孔子诞辰的问题，就给助手（现在他也已经是我们学院的教授、博导了）打了个电话，让他算算那次日食在哪天，半小时后就算出来了，孔子诞辰也就出来了。不需要讨论春秋用什么历法之类的问题，可以把一个问题大大简化。以往文科学者推算孔子的诞辰时，不知道天文界有这样解决问题的思路，天文学家也不会关心孔子哪天出生，只有我们这种经常跨界搞研究的人才会留意。

南都：像现在流行的流星雨是用天体力学来推算的吗？

江晓原：对。比方说预告哪天有金星凌日，哪天有日食、月食，都是用天体力学推算的。天体力学是天文系学生必修的课程。

南都：在天文学史界，如何评价一个人在这个领域所取得的成就？

江晓原：一个学者步入学术界时，刚开始肯定是沿着博士论文往前延伸，很多学者的成名作是其博士论文。在这点上我又比较例外，我的成名作不是我的博士论文。实际上我的博士论文至今还没出版过，在我已经出版了七十多本书的情况下，它还没出版。博士答辩的时候，我在《天文学报》《自然科学史研究》《自然辩证法通讯》这些一级学报上，已经发表了十篇论文，我导师说，你写一写这十篇论文的详细摘要，就可以答辩了。我的博士论文的篇幅只有四万字。我通过答辩，《中国科学报》还在头版做了报道，因为是第一个天文学史专业的博士，那时候博士比较稀有。我博士毕业那年拿了国际天文学联合会的资助，去参加他们的年会。这是国际天文学界最高的学术会议。因为经常发表论文，我才能两次破格晋升副教授、教授。

把科幻纳入科学史研究的视野

南都：除了教授，你如今为上海交通大学出版社担任 ISIS 文库的主编，设"科学政治学""科幻研究""兵器文化""科学与时尚"四个开放系列。你是如何考虑的？

江晓原：这个文库主编倒不是挂名主编，我是真的做工作的，书是我选定的，作者、译者也是我组织的，今年出来了两种，还有四五种正在编辑中。

为什么设置这四个系列？这样的文库，主编的个人色彩很浓厚，简单说是我对这四个方面很有兴趣，我也有考虑。首先，我没有打算把文库做成纯粹学院派不看的文库，我想做成一部分公众会有兴趣的文库。比如"科幻研究"，我们把科幻纳入科学史研究的视野，这是以前人家不做的，人家从来不认为科幻是科学史研究的对象。当我们把研究目光投向科幻作品（主要是西方科幻小说、科幻电影）的时候，会发现其实科幻与科学间的界限很模糊，甚至没有界限。我指导的一个博士就是做科幻与科学史研究的论文，这是国内这个方向上的第一篇博士论文。

南都：你什么时候开始写科幻影评？它与你的研究工作有什么相关吗？

江晓原：2003年起有人约我写这方面的专栏，我在2004年开始写一个时间比较长的专栏，取名《幻影2004》，写了好几年。最初我并没有限定自己只写科幻电影的评论，但我想写点别人没有的东西，一般电影的影评很多人都能写，我不见得比他们高明多少。但我没看到让我满意的科幻电影评论，国内大部分写影评的都是搞电影的人，他们没受过科学训练。在他们眼中，科幻电影与别的电影一样，他们完全不能理解电影背后与科学有关的思想，写得很表面。所以我后来写的影评，绝大多数都跟科幻有关。我博客左边有一栏目叫《亲近电影》，绝大部分都是科幻电影影评。只有个别的是其他电影，比如王家卫的《东邪西毒》这类的，是应邀写的特稿。

性文化史研究，从玩票到专家

南都：你常常说，在天文台的工作是正业，性学研究是副业。你最初带着玩票的心态写性学论文，是什么促使你转入性学研究，一晃三十年？

江晓原：20世纪80年代，我在北京的中国科学院自然科学史研究所读研究生，研究所院子里清一色的男生。年长的师兄们喜欢讲述自己"文革"时在社会见闻的性风俗和性趣事，也讲自己的性经验，而经历简单的师弟们也摆出一副无所不知的架势参加讨论。性的寂寞与煎熬，通过这类讨论聊以排遣。我想把同学间性的漫谈推进到学术的层面，而作为"好古成癖"之人，方向自然也清晰明了——性的文化史。一开始玩票地写，性学界的人注意到了，找我加入性学界的队伍。后来我甚至接受了性教育协会副会长的职务，不时做报告或做评审、写序、写书评等，这样就在这圈子里存在了。媒体约稿、出版社约出书，我都是被动的，有人来约，只要有空，我乐意，就会做，不知不觉就这样几十年了。

南都：这门研究需要怎样的知识背景？你会看哪方面的书？

江晓原：性学研究的门槛要求比天文学史低。我原本对中国古代各种文学作品、历史、典籍等都比较熟悉，算是在同龄人中读过很多这类书的人。其实，与性学史有关的大部分材料来自中国古代的典籍。比如武则天，传说她的生活相当放荡，但那时候朝廷对这事开放到什么程度，不看史料是无法想象的，这史料在《新唐书》《旧唐书》这样的官史里就有。比如有位谏官有一次给武则天上奏说，你已经有两位情人，现在还有官员自荐阳具壮伟要当你的情人，这影响实在太坏了。依你推测，皇帝会不会勃然大怒？这太赤裸地涉及她的私生活了。但武则天只是轻描淡写地说，有这事吗？你不说朕还不知道呢。下令给谏官赏赐，之后该干吗还是干吗。朝廷上可以讨论这样的事情，太开放了。

对我来说研究性文化不算困难，抱着平常心，把它当学术来做，做法与做科学史是没差别的，性学史也是科学史的一部分。

南都：西方对性的研究从20世纪五六十年代开始，马斯特斯与他的助手算是鼻祖。你80年代开始这块研究时，国内还有哪些性学家？

江晓原：不会太多，在国内不太合适用性学家这个词，基本上没人自称是性学家。早先国内没开放时，不可能有人专门研究性。改革开放后，有一些人通过研究性在社会上享有知名度，潘绥铭、李银河这两人算比较知名的，性学圈子里也有些人。我们有个共同点，谁也不能靠性学研究为生，我们都有其他职业，潘是中国人民大学的教授，李是中国社科院的研究员，真正意义上像西方搞性学研究的人是没有的，我们都是兼职的。如果只考虑所做的研究和产生的社会影响，潘绥铭、李银河作为性社会学家肯定是没问题的，这样的人在中国也很少。

南都：你在性文化史研究上最出名的著作《性张力下的中国人》是怎么写出来的？出版顺利吗？

江晓原：这是1994年写的，在动笔前慢慢积累了很多材料、想法，写了半年，1995年出版。这本书实际上是古代中国人性观念的梳理，我自己对性学研究有些心得所以就写了。这书是出版社约稿，出版很顺利，一个字没改就通过了。这书后来获得的声誉据说还挺高，也是因为当时没有这样的书。

写大众文本是我的乐趣

南都：你提出"跨文本写作"的理念，一边在学术刊物上发表文章，一边在报刊上发表文章。许多学者宁愿自己埋头做研究，反对大众文字。你如何平衡两者？

江晓原：这两种文本不一样。"跨文本写作"指的是同时进行这两种类型的写作，我一直给研究生开"跨文本写作"这门课，讲学术文本和大众文本的写作，各有怎样的要求和技巧。

有些学术界的人不愿意进行大众文本写作是有原因的，一部分人是没有写大众文本的能力。写的文章烂，报纸不会登，偶尔登了一次，下次也不会登，不会找你约稿写专栏。如果老有人找你写专栏，说明他们认可你的文章。但这个时候也有弊端，比如你写了很多大众文本，会让人产生误解，"某某写的都是大众文本"。很多学者很怕这个印象，这对他的声誉不利。毕竟学者的立身之本是学术文本。时间久了，常写大众文本的人会被学术同行认为不搞学术。我曾经遇到过类似事情，有人拿这和我说事儿，我不在乎。一是写大众文本是我的乐趣，我喜欢做这个事；二是我算是学术地位早就确立了的，我能在中科院连续破格晋升，1994年当了正教授，都是需要同行评议的。我如果没有发表足够多的学术文本，同行评议怎么通得过？但我一贯标榜自己不务正业，你怎么说我都无所谓。

南都：你有总结过自己的研究方法吗？接下来的学术道路有什么期望？

江晓原：我很少对当代的东西做研究，我好古成癖。研究到底如何能够创新，通常有三个方向：一是研究对象创新，研究前人没研究过的东西；二是材料上创新，用别人没用过的材料；三是方法上创新，使用前人没用过的方法。我喜欢做别人没做过的东西，完全是个人的天性使然。我与其他学者不同的是，我不常用新的方法、材料，但我会把甲学科的方法用到乙学科上，把甲学科常见的材料用到乙学科去。那么，对于另外一个学科，它就是新的。我被大家注意的研究，通常是因为我在方法和材料上的跨界，从而体现出创新。

至于期望，我和很多人不一样，我从来没立过雄心大志，万事随缘。说得好听点是"只问耕耘不问收获"——也许这样说有点做作。未来只是把学术生涯继续下去，我不知道有什么期望。

同题问答

对你影响最大的书有哪几本？

学术的书有《万历十五年》，小说有俄国的《苦难的历程》（三部曲），挺打动我的。

你认为，要做好学问最重要的是什么？

对某些人是勤奋，对某些人来说是动脑筋、机遇，对某些人是天分。对我而言,随缘最重要。

你个人最满意的著作是哪一本?

目前为止有两本,《天学真原》《性张力下的中国人》。

学术研究工作要经常到深夜吗?工作习惯是怎样的?

以前经常要工作到一两点,现在大多在一点前睡觉,仍然会有到两点的情况。看电影和工作没有固定时间,不坐班的人没有任何工作与休息的界限。

学术研究之外,有什么爱好?

三件事:读高雅书籍,看低俗影片,写雅俗共赏的文章。

(2013 年 11 月 14 日)

胡文辉：关键不在学院还是业余，而是你做得好不好

颜 亮

胡文辉，肄业于中山大学中文系，现供职于《羊城晚报》，业余研究学术。著有《中国早期方术与文献丛考》《最是文人》《陈寅恪诗笺释》《现代学林点将录》《洛城论学集》等。

胡文辉的"正经"职业，其实是报社编辑。1989年，从中山大学肄业后，他进入《羊城晚报》，干记者、

编辑，直到今天。从事学术研究，最初对胡文辉而言，更多的是一种兴趣，一种发现并解决新问题的乐趣。

在学院之外做学术，在中国不乏其人，但能做到像胡文辉这样系统的，并不多见。胡文辉有自己的学术策略，他从文献学入手，解决了"野生"状态下学术规范培育的问题。之后又将触角延伸到近现代知识分子研究，逐渐开拓出一块属于自己的学术研究领域。

身处学院的研究者，以学术为生，是因为大学烦琐的考核程序，很多时候也是身不由己。对比起来，胡文辉的"野生"学术状态，似乎显得要纯粹许多。这也使得他的学术研究要随性许多，不会有太大的使命感，也不会有做"硬砖头"的强迫症。实际上，在学术之余，胡文辉还花了大量时间写各类闲谈文章和打油诗，这都属于他"有名"的兴趣之一。

学东西主要靠自己摸索

南都：到中山大学上学，你当初就想念中文这个专业吗？

胡文辉：中文系是自己报的。高中时，我就对文学比较感兴趣。喜欢古典诗词、对联，也喜欢看小说。进大学后开始喜欢新诗，参加过中大的诗社，大约到大二、大三就开始对历史文化类的东西有了兴趣。毕业时，因为英文没过关，最后没拿到毕业证，毕业后本来还有一次补考机会，也不愿意去了。（最近听说，教育部从来没有要求大学生要过英文四、六级，只是各地大学的土政策，那我算不算无辜被剥夺了毕业证呢？）

南都：曾听中大黄天骥老师说，你在大学时就属于那种很不听话的学生。

胡文辉：我是经常不去上课的。中文系的好处，就是课程好对付，只要考试前温习一下，考试就能过。当然有时要补考，有一次我好像累计有六七门不及格，系里通知了家里，父母全来了。

平时学东西主要靠自己摸索，在图书馆自己找书看。有些老师不错，但恐怕谈不上对我有多少影响。对我后来有影响的，恐怕是陈炜湛先生的古文字课了，记得我交的作业自己都觉得有点扯，但陈先生倒是挺鼓励我的。

南都：如何摸索？

胡文辉：别人或许是读硕士，读博士，老师把他带进门，我则是靠自己慢慢摸索。整个过程学下来，到现在，我觉得兴趣最重要。

我最早的兴趣主要集中在上古，尤其是神话学方面，还有人类学、民族学的方法。（记得当时选修过人类学系的民族学史课程。后来在《现代学林点将录》里也比较重视这方面的人物，换了别人，我想根本不会选入他们。）人类学方法有意思的地方，就是可以用现在边疆民族的材料来解释上古的历史文化，但它在材料的年代方面不是很严谨。所以，大学毕业后，我慢慢转向了"古史辩"的路子。"古史辩"的特点，就是首先得确定史料的年代，确定前后的源流，这样才能开始相关的研究。

南都：像你这样靠自己摸索做学问，早期有没有一个学术规范化的过程？

胡文辉：文献学，还有古文字学、语言学，都是非常成熟的学科，已经做了一百多年，而且跟中国的传统学术也能接续，所以它的积累非常深，根本不需要特别强调规范问题。研究上古，自然就不能不规范。相对来说，近现代方面，或西方的东西，当时的规范就不那么严密了，所以后来才要强调规范。但这个问题对于上古领域本来就不成为问题。

现在回头再看，我写的真正符合所谓学术规范（学院派规范）的文章，反而是在早期，主要集中在《中国早期方术与文献丛考》这本书中，之后这类文章就没怎么写了。

南都：对于文献学，要自学，难度应该挺大吧？现在很多学这个专业的研究生，可能三年下来，都是在细读某一本经典。

胡文辉：难不难，主要看个人吧。但我始终认为，现在这个时代，除了有些自然科学需要做实验，从知识流通的方式来说，其他任何东西都可以自学，尤其是文史哲。具体到读书的方法，每个人可能都不一样，有的人可能长期只细读一本，但我肯定不会这样。我觉得不管多么重要的书，再经典，对于个人来说始终还是工具，得把它视为工具，不能太过迷信。

南都： 你最开始研究上古，具体如何进行呢？

胡文辉： 研究上古，当然需要对文献有基本的掌握。我对《山海经》《周易》读得最熟，其他的基本文献当然也是要看的。先秦的典籍毕竟不多，大体应当都涉猎过。上古研究的特点，就是所有东西都是搅在一起的，没有一个整体的知识背景是不行的，各方面都得知道门径，文献、目录、校勘是基本的，其他各方面的学科知识都得了解，比如人类学、民俗学、文学，还有科学史，尤其是天文学之类，知识交叉得非常厉害，不可能靠单一的路子就能解决问题。

我比较重视社会学的思路。很多现象不单单是中国才有，若有一点比较的视野，思路就会不一样。过去研究思想问题，多数人都太习惯思想史的方法，比如，刘小枫有个观点，认为共产主义之所以在中国兴起，是因为它的意识形态跟儒学有相似的地方。但如果跳出中国，去看外国，怎么解释俄罗斯的共产主义呢？难道他们也有一个相当于儒学的东西吗？学界有不少观点都是这样，一旦跳出来看，可能发现它们非常荒谬。

南都：这样做的话，应该需要很宽的阅读范围，能兼顾吗？

胡文辉：当时有个好处，就是书没那么多，现在书实在太多了。如果我是现在刚毕业或者刚读研究生的人，那我恐怕也不知道该怎么办。当然我那时的视野也没有现在开阔，还可以做到各个领域的东西都摸一摸。现在要读的书越来越多、越来越细，很多书根本没法细看，很多时候只是翻翻我最需要参考的个别地方。现在是不想做一个专业的人比较难。

当然我也不是一开始就铺那么大的摊子。比较早的时候，上古以后的东西我就很少看，像柳诒徵的《中国文化史》，我甚至只买上册。我的经验是跟着问题走，直到现在也是。某段时间，对某个问题有了兴趣，这个问题可能超出了自己原来的知识范围、学科范围，那我就会去补课，尽可能把知识的盲点和漏洞补上。

学院之外的学术研究者

南都：你从中大肄业之后，对于自己日后会在学院之外做学术，有明确的意识吗？

胡文辉：当时我想去广州市一个研究所，但硬件不够，没能去成，靠着"走后门"分配到《羊城晚报》。虽然条件比不上学校，但相对来说还是一个文化单位。当时高校的收入也不好，所以也并不急着进去，到了后来，发现高校渐渐也开始"有利可图"，想进也难了。

工作以后，我对研究的兴趣始终还在，而且也自负，不会考虑难不难、坚持不坚持的问题，有兴趣就自己做。我在大三时写过一篇使用西南彝族材料的文章，虽然方法不对，但有位研究彝族的老先生比较重视，发表在他主持的一本内部刊物上。另外，我的毕业论文《〈封神演义〉的阐教和截教考》，通过《封神演义》来研究明代的道教，指导老师是吴国钦先生，虽然他给我的分数不算很高，却把文章推荐到广州的《学术研究》，当时刘斯翰先生就接受了。能在期刊上发表文章，当时对我的鼓励还是很大的。

南都：那段时间你的研究是不是主要集中在上古文献方面，最后汇总成了《中国早期方术与文献丛考》？

胡文辉：那只是表面。那些文章都属于比较新的材料，而且问题比较小，多数属于考据问题，一来写起来牵涉没那么多，相对容易，二来别人也比较容易接受。当时有很多所谓的学术权威，是因为做翻译西学的工作，引进了某个西方理论，在当时就有了话语权。像我这种背景，不可能提出一套理论让人家接受你。先做考证的东西，可以说是我的一个策略。作为一个毫无背景的年轻人，如果一开始就写一些思想性的文章，别人是很难接受你的，但考证的东西就好一些。

除了《封神》那篇，我第一篇自己投稿的文章，是投到刘梦溪先生主编的《中国文化》。当时《文史》和《中华文史论丛》算是影响最大的两个文献专业杂志，但壁垒森严，方法也比较传统，一般投稿很难接受（我应当投过稿）。《中国文化》当时是新杂志，作风比较开放，像我这样的身份也被接受了。文章谈的是《论语》中的一个解释问题，观点算是有点出格的，但毕竟是考证，所以别人接受起来也就比较容易。

南都：当时希望自己得到学术界的承认，是不是还有某种不自信？

胡文辉：年轻时希望得到学界承认，这种心理是很正常的，我想每个人都会这样吧。学术上的自信当然也是慢慢积累出来的。看书越多，自己了解越多，最重要的是发现的问题越多，就会逐渐觉得以前的名家也有很多问题。我在20世纪90年代，除了专栏文章，在学术上主要就是《中国早期方术与文献丛考》里的东西。这本书对我来说是一个基础，它达到了学术上的要求和规范（我暗地觉得，有了这本书就足够做个教授了）。如果没有这本书和《陈寅恪诗笺释》，我恐怕就不会写《现代学林点将录》了。要有了一个基础，有真正的学术体验，才适合写《现代学林点将录》这样的书。

《现代学林点将录》里谈到现在很多做学术史的

人，看起来好像很权威、很知名，但实际却从未研究过古典的东西，他们研究的都是近现代的东西。这是个很大的问题，你只看过那些学者的论文，但你自己并没有真正做过那些学者研究的东西，没有做过考证，那怎么评论别人的考证？你得自己有这个经验才好。当然，不可能有人每个领域都研究过，但我研究过上古，有考据学的经验，有了这个经验再去评论人家就容易多了。事实上，传统文史是相通的，只要你真正进入过某个领域，有了这样的经验，其他领域也可以触类旁通。

研究陈寅恪的缘由

南都：《中国早期方术与文献丛考》出版之后，你并没有继续研究上古。2008年，你出版了《陈寅恪诗笺释》，相当于做起了现代知识分子研究。为什么会有这样的转变？

胡文辉：这个同我发现的问题有关。如果我觉得有新的见解，就写几篇，后来没有更多的新材料，或者也没发现更多的新问题，那就暂时放下了。对学院专家而言，不管有没有新问题，他都有可能会长期集中在那个领域，即便没有太多的新观点，也还是能写出论文来。但我不需要这样做，有新的东西，我才会写。我兴趣比较多，这里没有新东西，其他地方总会有的。

20世纪90年代，其实也是做考据的同时，我就比较关注对现当代知识分子的研究，尤其是谢泳先生的研究。更重要的是，陈寅恪的诗本身有很多值得挖掘的东西。我选择题目，不会不做那些浅显、简单的问题。在陈寅恪的诗中，有很多东西一般人是看不出来的，甚至余英时先生，他也只做了陈寅恪晚年的一部分，留下了很多空白。我最初只是发现了个别问题，后来发现问题稍多，正好三联版的诗集出来了，就仔细校读了一遍，才发现值得通盘地做。

南都：《陈寅恪诗笺释》应该算是你用力最大的一本书了吧？它的篇幅这么大。

胡文辉：篇幅大，并不能简单等同于大部头，关键还是要看它作为问题有多大，还要看你解决了多少问题。实际上，陈寅恪也有很多诗是没什么好笺释的，没有太多内涵，但我还是需要全部做出来。

这本书，最大的特点就是联系了很多东西。它解决了很多陈寅恪诗本身的问题。另外，我也联系了很多同时代人的材料。这样它的意义就不单是为了说明陈寅恪，也是为了说明同一代人共通的心灵世界。因为里面很多话题、很多事件，不单是他一个人面对的，而是他们那一代人都面对的。当然，他的诗也有限制，很多事情他也不见得都写成了诗。所以，在某种程度上，这项工作可以说是挖掘了现代知识分子精神史的一些片段。总的来说，不能说这个工作是太大的题目，从大的范围看，这仍然只是小题目。

南都：学术对你而言就是某种爱好，像写《陈寅恪诗笺释》这样的书，对你也不会有太多实际利益。你现在回头看，自己做了这么多年，该如何来描述你的初衷？

胡文辉：我认识一些研究古文字的老先生，因为领域窄，问题太冷门，不可能有多少人看他们的文章。我觉得他们才是真正能坐冷板凳,真正不求实际利益的。我研究陈寅恪,总结现代学术史,可以说沾了很多学术"红人"的光。像《陈寅恪诗笺释》这本书虽然比较烦琐,真正看的人不是很多,但因为陈寅恪那么热,有兴趣的人很多,所以多少还是会知道这本书。所以,相对那些老先生来说,我已经幸运很多了,不管自己有意无意,至少题目还是比较热门的。

南都：你很多学术性质的文章,发表在报纸上的比较多。毕竟报纸是大众读物,加上编辑约稿,这些会不会都影响到你对题目的选择呢?

胡文辉：从根本上来说,影响不大。但还是会有压力,毕竟作者和编辑之间,可以说是互相关照,他们也是关照我。如果我是在学院里,可能写随笔类的文章会少一些,会多写论文一类东西。不过现在这样也不要紧,如果是有新发现的题目,迟早也会写出来,只是不必这么急,我会先把适合在报纸上发表的话题写出来。《洛城论学集》里很多文章就属于这种性质的,那些问题相对来说适合大众一点,发在报纸上也适合一点。

实际上，很多学院派也喜欢在报纸上发文章，特别像《南方都市报》《东方早报》，它们能够容纳一些比较专业的文章，虽然实际上读者不多，但可以使整张报纸显得更丰富，也更有层次。报纸的容量大，可以通过其他内容平衡这些专业的东西。相对来说，出版社出书，是出一个人的书，反而更容易屈服于市场压力。

评点学术史

南都：《现代学林点将录》似乎就是这样一本书。

胡文辉：这最初就是编辑的想法，是王来雨的提议，加上我对点将录这种体裁也比较感兴趣。不少人觉得它很生硬，但如果你对近代旧体诗比较熟悉的话，会知道汪辟疆、钱仲联都写过点将录，在那个领域是一种影响很大的评点方式。所以，对我而言，用它来评点学术史是再正常不过了。这就像是玩网络游戏的人，可能会用网络游戏人物来套现实里的人物，别人也许觉得莫名其妙，但玩游戏的人就会觉得很正常。

无论如何，这都只是一种形式，其实并不重要，它更大的作用是一种自我限定。一本学术史，究竟写多少人合适？你写两百人也行，写五十个人也行，我觉得按点将录这种限定，一百来人，比较适合，也更好处理一些。应该说，我是比较适合这种体裁的，里面既包括了一些八卦的内容，同时也有一首旧体诗，换作别人，大约不会像我这样做，也可以说做不到。如果没有这种包装，可能出来就没有这么有趣了。

南都：你用点将录这种方式大张旗鼓地点评学术史，有没有受到过主流学界的批评？

胡文辉：我觉得没有真正像样的批评。当然不主流的批评有很多。究竟该选哪些人物，在网上有些争论。毕竟每个人的视野都有局限，我当然也有我的局限，只是我敢说，换了别人来说，局限会比我更大，偏见会比我更多。比如，首先，里面涉及上古的人比较多，人类学的比较多，这跟我的知识背景有关，有些人我实在不熟悉，比如宿白，有网上的朋友觉得应当用宿白代替邹衡。我对现代考古学史还算是熟悉的，邹做夏、商、周考古，对我而言，他的贡献是无人能及的，在他跟宿白之间，对我来说选择谁是不需要考虑的。其次就是排行。我觉得跟人选一样，每个人对这些学者的评价都不一样，你不可能强求对每个人的评价都有一个客观的标准，这根本不现实。你至少要对书里一半的领域和人物都有所了解，才好来批评我。

南都：你会把《现代学林点将录》归纳到你的学术著作这一块吗？

胡文辉：属于学术研究的边缘吧，还不能算是真正的学术著作，里面也基本没有发现什么具体的重要问题。不过我对这些人还是有自己的一个整体看法的。换作某些专业的人，他对某一领域某一人物，书读得比我多比我细，那样的人肯定很多，但他未必总结得就比我好，有时还得能有一个整体的视野来判断这个人的位置，不仅要考虑他做的专业，还要考虑整个学术史的背景。

我关注的领域是比较杂的。这些领域，我不见得能深入多少，可能只是知道一些皮毛，但知道一些皮毛也是很重要的。各个领域的皮毛都知道一点，才有可能形成一个整体视野。至少各个领域哪些人比较重要，我大体心里有数。当然，对里面很多人，我也没法写得更详细了，对有些人，写出巨著也不难，但对有些人，我也只有那么多东西可写。要写长一点的评传我肯定是不行的。

南都：你在《现代学林点将录》里也谈到不少对学院派的批评。

胡文辉：在书中对研究学术史的人有几句评判。我还写过一篇名为《为业余汉学孤独地喝彩》的文章，也谈到这个问题。学院派确实有长处，比较规范，相对来说也比较可靠，平均水平比较高。但学院派也有问题，研究问题时很难跳出原有的框架，而业余选手则不那么受框架的束缚。对业余的人而言，搞不好的话，那就什么东西都做不出来；但如果搞得好，有时不仅能在话题上，而且在方法上都可能突破原有的框架。

有些人可能会很强调学院与业余的差别，但我觉得关键的不是学院还是业余，关键的就是你做得好不好。

学术界就相当于是一个认证体系。这个认证体系，是属于大学和研究所的，在体系之外做研究，从获得承认方面来说，确实会吃亏。

南都：学术之外，你的正职是报纸编辑，如何安排读书和做研究的时间？

胡文辉：每个人肯定都想自己的时间越多越好，不管你是不是做学问。做学问的时间当然越多越好。但不管在学校还是什么地方现在都一样，都有其他的事情，在学校里也要上课，带硕士、博士，也要花很多时间的。可能现在没有什么地方能够百分之百做学问。

我近年写作都是利用周末，时间比较长，一般睡到中午，从下午开始。一般几千字的文章我一两天内能解决，但长的话，还是得有点意志力才行。像写《陈寅恪诗笺释》，我都忘了是怎么写出来的，不是一两天的事，现在让我写的话，也有精力的问题。写东西一定是要勉强自己，不会说很轻松的。

南都：现在读书的习惯是怎样的？

胡文辉：有些书，你对它所涉及的领域比较熟悉，有时候只是增加了一点东西，你是很容易看得出来的。看得多了也就不难了。或者说有时候你的判断不见得准，但是也没那么多时间去细读。现在，我只看我最感兴趣的、最需要参考的部分，有一个取舍问题。

同题问答

对你影响最大的书有哪些？

很难说清楚哪一本书对我有特别的影响，很难确定哪一本，讲了反而不合适。

你觉得做学问最重要的是什么？

兴趣、自信、坚持（长期性的习惯）。

到目前为止最满意的著作是哪本？

《洛城论学集》。能够比较全面地看得出我关注的东西，虽然文章不长，但有些题目很重要。

工作习惯是怎样的？

最习惯的方式是晚睡，睡到中午。写文章的话希望一天内解决，所以多是选择星期六、星期天，时间比较长。当然也只有写小文章能够做到这样。写《陈寅恪诗笺释》那样的大书，已经忘了是怎么写的了。

业余时间有什么爱好？

看看碟，听听音乐（不过这个不需要业余时间，与工作时间同时进行），打打羽毛球——最不喜欢跑步，一点技术含量没有，当然也因为跑不动。

（2013年11月28日）

后 记

《谈艺录》和《问学录》是《南方都市报》文化副刊部推出的两个系列。结集出版时,想起我们做编辑的常用的一句话:篇幅所限,略有删节;其实是,篇幅所限,删节很大。我们做采访时总有或多或少的遗憾,此次结集出版,是遗憾的双重叠加。

几年前,编辑部同人开选题会。我们想,是否可以将目光对准当代中国影响力最广泛、创造力最活跃的学人群体?我们通过访谈的形式,对他们的治学之路做一个通俗版本的呈现，也可以从他们的人生阅历中看到中国近三十年来的大时代变迁。这样的系列访谈，对编辑的难度，在于如何在有限篇幅中尽可能丰富地呈现学者的学术人生；对记者的难度，在于如何让采访对象打开心扉，在学术与大众中间找到完美的结合点，暗合媒体的话语体系。此中艰辛，只有参与其中的编辑、记者能体味。

于是有了《问学录》系列，每周一期，前后持续一年。学问一途，没有专业知识的积累，断难一窥其中的艰辛与魅力。我们选取的采访对象都是处于学术活跃期的学人，有的名重天下，也有的只是民间学者，并没有教授或者研究员的耀眼光环，但无一例外，他们都在各自领域中学有所成。更关键的是，他们的个人成长轨迹和中国巨大的社会变迁有诸多吻合之处。我们以为，学人的人生路途是另一种信息丰富的时代注脚。

《谈艺录》系列与《问学录》系列一脉相承，借用钱锺书的书名。这里是用其本意，让艺术家、策展人来谈谈和艺术有关的人和事。作为大众媒体,我们感受到中国的艺术氛围在逐渐升温,越来越多的人需要接受艺术知识和氛围的熏陶。我们希望对活跃的艺术家、评论家或策展人做采访,从媒体的角度来追问,以艺术为底色,以人生故事来推动行文。很多传统学者对媒体的动作方式颇有微词,认为媒体善于以肤浅来哗众取宠。我们当然不能完全同意。我们更愿意说:媒体是在专业和普及之间搭建一座沟通的桥梁。具体到《谈艺录》这个系列而言,其实是我们在用大众能理解的语言去呈现艺术理念。

《南方都市报》一直致力于"办中国最好的报纸"。而南都同人,也无不以"办中国最好的报纸"为目标,为自我的鞭策,为自我的衡量标杆。有赖于中国媒体市场化的历史机遇,更有赖于高扬理想情怀的南方报业同人的励精图治,二十年来,出身岭南的《南方都市报》尽管人员流动从未停歇,但在新闻业中始终有口皆碑。理想的血脉传承,同人的相互鼓励,都是因为这里有着源源不断的内生力量。

如你所知，我们是大众媒体从业者，非专业研究者，而我们面对的采访对象都是当今卓有成就的学人。他们研究领域宽广，专业知识深厚，即便我们为一个采访做了长时间的功课，最终呈现出来的文本仍有不尽如人意处，甚至错漏，还望诸位接受我们采访的先生及广大读者海涵。

结语未免有些伤感。《谈艺录》和《问学录》是《南方都市报》文化副刊部的集体创作，从前期策划到具体执行，从现场采访到后方编辑，众多同事为此付出了心血。记者尚有名字置于文前，而戴新伟、帅彦、郭爽诸君，他们幕后的工作，是整个系列得以成立的基石，却在正文中不见踪影，所以要特别感谢他们。到这两本书正式出版之时，多位同事已离开南都，各奔前程。这两本书的文字中，有我们共同的不会随风飘散的美好记忆。他们的青春与才华奉献给一份有着明显历史印记的报纸，我以为是有价值的。

感谢所有接受我们采访的艺术家与学者，以及参与采写的编辑与记者。尤其要感谢李辉先生策划"副刊文丛"的创意,以及为此辛勤付出的大象出版社的同人。

刘炜茗

2017 年 8 月

精品栏目荟萃

《副刊面面观》（李辉　编）

《心香一瓣》（虞金星　编）

《纽约客闲话精选集　一》（刘倩　编）

《多味斋》（周舒艺　编）

《文艺地图之一城风月向来人》（孙小宁　编）

《书评面面观》（李辉　编）

《上海的时光容器》（伍斌　编）

《谈艺录》（刘炜茗　编）

《问学录》（刘炜茗　编）

《名人之后》（沈秀红　编）

《纽约客闲话精选集　二》（刘倩　编）

《编辑丛谈》（董小酷　编）

《本命年笔谈》（严建平　编）

《国宝华光》（徐红梅　吴艳丽　编）

《半日闲谭》（董宏君　编）

《云泥鸿爪一枝痕》（王勉　编）

个人作品精选

《踏歌行》（陈娉舒）

《家园与乡愁》（李汉荣）

《我画文人肖像》（罗雪村）

《茶事一年间》（何频）

《好在共一城风雨》（胡洪侠）

《从第一槌开始》（剑武）

《碰上的缘分》（王渝）

《抓在手里的阳光》（刘荒田）

《阿Q正传》（鲁迅）

《风吹书香》（冻凤秋）

《书犹如此》（姚峥华）

《泥手赠来》（黄德海）

《住在凉山上》（何万敏）

《老解观象》（解玺璋）

《犄角旮旯天津卫》（林希）

《歌剧幕后的故事》（薛维）

《色香味居梦影录》（姜威）

《走读生》（李福莹）

《回家》（朱永新）

《武艺十八般》（萧乾）

《一味斋书话》（熊光楷）

《收藏是一种记忆》（剑武）